굳이, 왜 종이 매거진을 발행하세요?

MAGAZINE MAKERS

<favorite> 매거진을 발행해 오면서 자주 듣거나, 자주 하는 질문입니다.

'왜 오프라인 종이 매거진을 만드는 건지'
'지금의 시대에 매거진을 만들면서 바라는 가치는 무엇인지'
'독립이라는 단어에 대해서 어떻게 생각하는지'
'힘들고 어려울텐데 지속가능을 위해서 어떤 노력을 하고 있는지'
'매거진을 발행하면서 돈은 벌고 있는지'
'매거진을 만들기 위해서 몇 명이나 같이 작업을 하는지'
'매거진을 발행하기 전에는 어떤 일을 했는지'
'우리가 <favorite>을 만들고 있는 방식이 맞는건지'

.

.

.

매거진을 발행할수록 이상하게 더 쌓이는 궁금함에 대해서
다른 독립 매거진 MAKERS의 생각과 이야기를 듣고 싶어서
같이 대화를 나눴습니다.

INTRO MOVIE

QR 코드를 스캔하시면 <MAGAZINE MAKERS> INTRO MOVIE를 감상하실 수 있습니다.

<MAGAZINE MAKERS> 단행본에는 독립 매거진
<bear>, <hep>, <Achim>, <PRISM OF>, <favorite>의 MAKERS가
각자의 매거진을 창간해서 발행하는 이야기의 대화를 기록했습니다.

나만의 콘텐츠를 만들어 보고 싶은데 생각만 하고 있는 분들에게는 '설레는 자극'을, 나만의 콘텐츠를 만들고 있는데 걱정과 고민이 있으신 분들에게는 '긍정적인 영향'을 드릴 수 있기를 바랍니다.

매거진을 만들어 보고 싶은 막연한 생각에 집중해서 <favorite>을 창간했던 게 2018년 1월입니다. 이전까지 매거진을 좋아하기만 했지 매거진을 만드는 일과 관련된 경험과 노하우는 전혀 없었죠.

막연한 생각을 가지고 창간까지 할 수 있었던 것은 「독립 매거진」을 알게 되고 나서부터입니다. 광고부터 시작하는 기성의 매거진들과 달리, 개성 있는 콘텐츠를 여럿이 아닌 혼자 또는 소수의 인원으로 만드는 독립 매거진을 보면서 나의 막연한 생각도 콘텐츠가 되고, 매거진으로 만들 수 있다는 용기를 낼 수 있었습니다.

그 당시 저의 콘텐츠는 '좋아하는 일을 의미 있게 하는 사람들의 이야기'였습니다. 좋아하는 일을 하는 사람들을 만나서 인터뷰를 하고, 그분들의 이야기를 매거진에 담아서 많은 분들에게 전달하는 <favorite>을 창간해서 현재까지 6권의 이슈를 발행하였습니다.

창간 후 초기에는 매거진을 만드는 것에 많은 집중을 했는데, 이슈가 늘어날수록 매거진의 지속성에 대한 고민이 커졌습니다.

<favorite>을 발행하는 방식을 개선하고 싶었고, 다른 매거진들의 방식과 지속 가능성에 대한 고민도 궁금했습니다. 그래서 평소에 좋아하는 독립 매거진 편집장들을 만나서 대화를 했습니다.

각자의 콘텐츠로 독립 매거진을 발행하고 있는 편집장들은 어떤
분들이고, 어떤 생각과 마음가짐으로 매거진을 발행해 나가고
계실까, 그리고 과연 어느 정도 힘드실까, 또는 안 힘드신가?
이런 부분들에서 현실적인 이야기를 들어 보고 싶었습니다.

<bear>, <hep>, <Achim>, <PRISM OF> 매거진의 편집장들을
<favorite> 매거진의 을지로 공간 「ffavorite」에 한 분씩 모셔서
각자의 매거진을 창간해서 발행해 나가는 이야기를 들을 수 있는
「favorite talk」 행사를 진행하였습니다.

각 매거진을 좋아하는 팬분들과 함께 대화했던 「favorite talk」
행사에서는 많은 분들이 공감하고 좋은 영향을 받을 수 있는
이야기를 들을 수 있었기 때문에 그날의 대화를 기록해서 더 많은
분들에게 전달하고 싶었습니다. 그래서 <favorite>의 첫 단행본
<MAGAZINE MAKERS>를 발행하게 되었습니다.

<favorite> 매거진의 이야기도 팟캐스트 「스몰포켓」에서 「스토리
지북앤필름」 '강영규' 대표와 '태재' 작가와 함께 했던 저희의 생각과
가치, 실행에 대한 대화를 기록하였습니다.

「favorite talk」 행사 이후 <MAGAZINE MAKERS>에 참여한 모든 매거진의 편집장들이 을지로 「ffavorite」에 다같이 모여서 「ROUND TALK」도 하였습니다. 독립 매거진에 대해서 서로의 생각과 고민들을 서슴없이 나눴던 대화는 매거진을 좋아하고 발행하는 사람으로서 충분한 영향과 진한 자극을 받을 수 있었던 의미 있는 시간이었습니다.

편집장들이 다같이 모여서 대화한 「ROUND TALK」는 책의 후반에 기록하였습니다.

<MAGAZINE MAKERS>에 담은 대화의 기록들이 나만의 콘텐츠를 만들어 보고 싶은데 생각만 하고 있는 분들에게는 '설레는 자극'을, 나만의 콘텐츠를 만들고 있는데 걱정과 고민이 있으신 분들에게는 '긍정적인 영향'을 드릴 수 있기를 바랍니다.

솔직하고 현실적인 좋은 이야기를 들려 주시고, <MAGAZINE MAKERS>에 대화를 기록할 수 있게 허락해 주신 편집장님들에게 깊은 감사를 드립니다.

favorite

CONT

18	bear	행복하게 일하는 삶을 탐구하는 매거진
42	hep	음악의 제목을 주제로 선정하고 필름 사진만 담는 매거진
68	Achim	오직 내게만 집중하는 아침을 보내며 영감을 담는 매거진

… ENTS

100	PRISM OF	한 호에 하나의 영화를 다루는 영화 매거진
134	favorite	좋아하는 일을 의미 있게 하는 사람들의 이야기를 담는 매거진
162	ROUND TALK	bear & hep & Achim & PRISM OF & favorite

알리고 싶은 가치를 전달하고 소통하면서, 세상이 조금 더 좋은 방향으로 나아가는 게 제가 궁극적으로 하고 싶은 일이에요. 이 일을 하기 위해서는 매거진 만큼 좋은 게 없는 거 같아요.

여러분은 어떤 삶을 꿈꾸나요?

bear vol.17 NOMAD

bear

행복하게 일하는 삶을 탐구하는
<bear> 매거진과의 대화

<bear> 서상민   <favorite> 김남우

bear

날짜 : 2020년 1월 18일 토요일 / 시간 : 오후 3시부터 5시까지
장소 : 을지로 ffavorite / 참여 : 청중 16명
대화 : <bear> 서상민 & <favorite> 김남우
· QR 코드를 스캔하시면 대화 영상 일부를 보실 수 있습니다.

INSTAGRAM : @bear_magazine / @design_eum
BLOG : blog.naver.com/designeum

서상민(이하 없음)   <bear> 매거진 편집장을 맡고 있는 서상민이라고 합니다. 황금 같은 주말에 제 이야기를 들으러 와주셔서 정말 감사해요. 아깝지 않은 시간이 되도록 노력할게요. 요즘 다양한 매거진들이 있는데, 그중에서 <bear> 매거진은 적지 않은 시간 동안 발행해 왔다고 생각해요. 오늘은 현시점에서 저희가 겪고 있는 어려움과 <bear> 매거진 같은 인디 매거진 씬이 어디에서 와서 어디로 가고 있고, 어떤 기획을 더 연구해야 되고, 독자와는 어떻게 소통을 해야 되는지에 대해서 이야기 나누려고 해요. 좋은 이야기는 대화를 통해서 이루어진다고 생각하는데, 서로의 생각들을 편하게 같이 대화 나누면 좋겠어요.

김남우(이하 없음)   토크 행사를 진행할 때 참여하신 분들과 다 같이 대화를 할 때가 있는데, 그러면 분위기도 훨씬 더 좋아지고 이야기도 깊어지는 거 같아요. 편집장님은 <bear> 매거진 외에 출판사 「디자인 이음」을 운영하면서 다양한 책들을 발행하고 계시는데, 이전에는 어떤 일을 하셨나요? 출판사를 만들게 된 계기도 궁금해요.

대학에서 동양화를 전공했어요. 지금은 미술을 떠나서 출판사를 운영하면서 책을 만들고 있어요. 다른 일을 하게 된 계기는 어려서부터

내가 무엇을 좋아하는지에 대한 고민을 많이 했기 때문인 거 같아요. 한때 영화를 좋아해서 영화 일도 잠깐 했는데, 저와는 잘 맞지 않더라고요. 영화 일을 하다가 다른 일을 해야겠다고 깨달은 시기가 서른두 살쯤이었어요. 나이는 먹었는데 무엇을 하면서 살아야 할지 고민하다가 편집 디자인을 알게 되어서 전시회 도록을 만드는 거부터 시작했어요. 처음에는 편집 디자인 작업에 필요한 프로그램도 다룰 줄 몰라서 밤을 새우며 프로그램 공부를 하면서 도록을 만들었죠. 처음이라서 힘든 부분도 있었지만 편집 디자인이 너무 재미있었고, 저와 잘 맞는 거 같았어요. 그래서 책을 만드는 일을 본격적으로 해 보려고 출판사를 차리게 됐어요. 그때 당시에도 물론 출판 시장의 경기가 좋지는 않았어요.

그때가 몇 년도였나요?

올해(2020년)가 출판사를 시작한 지 11년 됐으니까 2009년도였던 거 같아요. 출판 시장이 지금과 비교했을 때는 좋았지만 소규모 출판은 쉽지 않았어요. 처음에는 팔릴 수 있는 책 위주로 기획을 많이 했어요. 일본 실용서들을 많이 제작했는데 그리기, 자수, 인테리어 등과 같은 분야들이었어요. 그때는 지금처럼 실용서 분야에 관심이 있던 시기가 아니어서 큰 수익을 내지는 못했지만 굶어 죽지 않을 정도의 판매는 됐죠.😊

제작하셨던 실용서 책들이 출판사를 차려서 만들어 보고 싶은 책이었나요?

물론 아니었죠. 그래서 내가 도대체 '무엇 때문에 출판사를 하려고 하는 것인가? 가장 하고 싶었던 게 이런 일이었나?'라는 고민을 많이 했어요. 현실적으로 작은 출판사가 실용서들을 팔아서 근근이 유지되는 것도 좋긴 하지만, 계속 이렇게 가다간 출판사가 점점 더 작아져서 사라질 거 같았거든요.😊 새로운 방향으로 나아가야겠다는 생각을 많이 했고, 그 시기에 <KINFOLK> 매거진 원서가

국내에 알려지기 시작하는 무렵이었어요. <AROUND> 매거진이 출간되었던 시기이기도 했어요.

「디자인이음」에서 발행하고 있는 <KINFOLK>의 이야기도 궁금해요.

<KINFOLK>에 대한 이야기를 하게 되면 한도 끝도 없지만 짧게 말씀을 드릴게요. 국내 매거진 흐름에 있어서 <KINFOLK>가 갖는 의미가 굉장히 크다고 생각해요. 기존 매거진들이 광고나 판매에 의존하다가 점점 하락하는 추세였고, 종이 매거진은 전망이 없다고 예상하는 시기였거든요. 그런데 <KINFOLK>는 종이 매거진의 전혀 새로운 방향을 만들었다고 생각해요. 지금 매거진들이 하고 있는 행위들은 <KINFOLK>가 시도했던 것들이 많아요. 광고 없이 만드는 방식이라든가, 각 호마다 주제를 정하는 방식 등이요. 미니멀한 트렌드나 오프라인 행사와 연계된 콘텐츠, 팬덤을 만드는 것, 아날로그적인 가치, 공동체 및 공공의 이익에 대한 철학 등 기존 매거진에서 하지 않았던 것들을 <KINFOLK>에서는 다양하게 시도했죠. <KINFOLK>가 SNS에서 이미지로 많이 소비가 되지만, <KINFOLK>가 성공할 수 있었던 가장 큰 요인은 이전에 시도하지 않았던 철학과 형식을 굉장히 잘 조합했기 때문이라고 생각해요. 매거진은 인간의 욕망과 떼려야 뗄 수 없는 매체이고, 거의 모든 욕망을 다루고 있어요. 그런데 <KINFOLK>는 '느리게 비우면서 살고 싶다'는 기존과 다른 욕망을 담은 거죠. 그렇기 때문에 종이 매거진의 새로운 형태와 모습을 보여줄 수 있었고, 국내 다양한 매거진들도 많은 영향을 받았다고 생각해요.

소규모 출판사였던 「디자인이음」이 <KINFOLK> 매거진을 발행할 수 있었던 과정에 대해서 얘기해 주실 수 있으세요?

<KINFOLK> 매거진은 국내에서 소수의 마니아들만 봤는데, 저희가 <KINFOLK> 한글판을 발행해 보고 싶다는 생각을 했어요. 그래서

<KINFOLK> 미국 오피스에 직접 메일을 보냈죠. 처음에는 한국에 이미 계약된 출판사가 있어서 안 된다고 했는데, 한 달 정도 후에 <KINFOLK>에서 다시 연락이 왔어요. 「디자인이음」이 <KINFOLK>를 발행하고 싶으면 포트폴리오를 보내달라고 해서 소개 자료와 함께 성실하게 만들어서 보내줬어요. 이후 메일로 몇 번의 내용이 오고 간 후에 저희가 <KINFOLK> 매거진을 발행하게 됐죠. 운이 좋았어요. <KINFOLK>를 발행하면서 종이 매거진의 가능성을 느꼈고, 한편으로는 빨리 올라간 유행은 금방 떨어질 것이란 것도 알았어요. 그때 이런 생각이 들었죠. <KINFOLK>가 아무리 좋다고 한들 내 것이 아닌데, 내가 정말 하고 싶은 이야기는 무엇인가?

<KINFOLK>가 보여주는 종이 매거진의 가능성을 경험하면서 「디자인이음」만의 콘텐츠로 새로운 매거진을 만들고 싶다는 생각을 하셨을 거 같아요. 이런 생각이 <bear> 매거진을 창간하게 된 계기가 되었나요?

우리만의 콘텐츠가 필요하다는 생각을 했고, 출판 시장이 점점 안 좋아지고 있어서 위기감을 강하게 느꼈어요. 출판사의 생존을 위해서 반드시 필요한 두 가지는 '돈'과 '존립'하는 가치라고 생각해요. 둘 중에 하나라도 없으면 존립하기가 힘들어요. 출판사가 가지고 있는 색깔을 독자들에게 인식시키지 못한다면 살아남지 못 할 거예요. 저희의 콘텐츠를 만들어서 독자들에게 우리의 색깔을 강하게 심어 주고 싶었고, 평소 제가 가지고 있던 일에 대한 생각들을 합쳐서 <bear> 매거진을 창간하게 됐어요.

<bear> 매거진에서 다루는 일과 인터뷰이들은 사회적으로 인정을 받고 있는 높은 위치의 분들이 아니에요. 정말 좋아하는 일을 하는 분들의 이야기를 직접 들어요.

'행복한 일을 하는 사람들'이라는 <bear> 매거진의 소개 글이 인상적이에요. <bear> 매거진을 통해서 구체적으로 하고 싶은 이야기는 무엇이었나요?

항상 느끼는 것인데 주변에 일 때문에 어려워하는 친구들이 많아요. 회사원이든 사업을 하든 다들 일 때문에 힘들어하는 모습을 보면서 우리 사회에 가장 필요한 일에 대한 이야기를 하고 싶었어요. 독자들과 오랫동안 소통할 수 있는 꼭 필요한 이야기와 우리의 색깔이 될 수 있는 이야기. 그래서 '행복한 일을 하는 사람들'이라는 강한 메시지를 넣어서 <bear> 매거진을 창간하게 됐죠. 일에 대한 가치를 되돌아보고 싶었고, 우리가 일에 대해서 조금만 더 관심을 갖는다면 사회가 조금은 더 좋아질 거라고 생각했어요. 지금 사회는 굉장히 경쟁적이고, 학교에서는 직업에 귀천이 없다고 배우는데, 실제로는 그렇지가 않잖아요. 이런 부분들이 조금은 개선되길 바라는 고민을 담았어요.

살아가면서 일은 정말 중요한 거 같아요. 평생 일을 하면서 살아야 하는데, 이왕이면 좋아하는 일을 할 수 있기를 바라는 마음으로 저희도 <favorite> 매거진을 발행하게 되었거든요. <bear> 매거진 창간호의 주제는 어떤 거였어요?

「커피」였어요. <bear> 매거진에서 다루는 일과 인터뷰이들은 사회적으로 인정을 받고 있는 높은 위치의 분들이 아니에요. 정말 좋아하는 일을 하는 분들의 이야기를 직접 들어요. 특히 창간호였던 「커피」 이슈는 기억에 많이 남아요. 창간호의 첫 인터뷰가 「밀로 커피」 사장님이셨는데, 지금도 인터뷰와 촬영하던 날의 모습이 선명하고 인품도 정말 좋으셨어요. 인터뷰가 한 번에 마무리되지 않아서 두세 번 더 찾아갔는데도 언제나 밝고 성실하게 인터뷰에 임해 주셨고, 직업에 대한 장인의식도 높으셨죠. 커피 업계에 종사하시는 많은 분들에게도 인정을 받으셨는데, 「밀로 커피」가 매장이 많거나 매출이 높지는 않아요. 정말 작은 매장을 장인 정신으로 운영하시는 모습을 보면서 <bear>

매거진이 알리고 싶은 가치와 결이 같다는 생각을 했어요.

<bear> 매거진은 인터뷰로만 구성된 콘텐츠가 인상적이에요.
인터뷰에만 집중하게 된 특별한 이유가 있나요?

첫 인터뷰를 진행한 후에 진지했던 인터뷰의 내용을 훼손하고 싶지
않았어요. 다른 매거진들은 여러 콘텐츠들을 다양한 형태로 담는데,
<bear> 매거진은 그렇게 구성할 경우 인터뷰이들의 가치가 훼손될 거
같아서, 인터뷰로만 매거진을 채우기로 결정했죠.

<bear> 매거진의 사진과 글의 크레딧에서 편집장님의 이름이 자주
보여요. 정말 많은 역할을 하시는 거 같아요.

대부분의 촬영과 디자인을 제가 직접 하는데 돈이 없어서예요.😊
매거진에서 가장 중요한 게 예산에 맞춰서 유지할 수 있는 시스템을
만드는 것이에요. 저희와 같이 작은 매거진들은 예산이 없으면 자신의
노동을 갈아 넣는 게 가장 좋은 방법이라고 생각해요.😊

<bear> 매거진에 담겨있는 사진의 시선과 감성이 정말 좋아요.
촬영하실 때 중요하게 생각하시는 점은 어떤 것인가요?

한 장의 사진에서도 저희의 철학이나 가치를 분명하게 보여줄 수
있도록 촬영해요. 그래서 연출된 사진은 단 한 장도 없고, 전부 자연
스럽게 촬영한 사진이에요. 잘 찍은 사진보다 인터뷰이의 일상을
보여줄 수 있는 사진을 찍고 싶었어요. 좋아하는 일을 하는 사람의
모습을 담은 한 장의 사진이, 일 때문에 고민하고 힘들어하는 사람들
에게 긍정적인 영향을 줄 수 있다고 생각했거든요. 시각적인 요소인
사진과 디자인의 영역에서도 우리의 철학이 잘 표현될 수 있도록
일에 대한 가치 외의 것들은 다 빼고 작업해요. 지금은 달라졌지만
처음 <bear>를 발행했을 때는 편집 디자인도 왼쪽 페이지에는 사진,
오른쪽 페이지에는 텍스트가 배치되는 형태를 반복해서 적용했는데

이렇게 단순한 편집 디자인도 없을 거예요. 어떻게 보면 매거진보다는 단행본에 가까운 형태죠. 그래서 처음에 서점에서 매거진으로 받아주지 않을까 봐 걱정도 많이 했어요.

빼는 게 정말 어려운 거 같아요. 특히 매거진에서는 다양한 스타일을 활용할 수도 있는데, 단행본과 같은 단순한 스타일의 편집 디자인으로 작업하셨던 이유는 뭐예요?

인터뷰이들의 소중하고 진솔한 이야기를 최대한 깊이 있게 전달하는 게 목적이었어요. 그래서 최대한 요소들을 뺀 형태로 만들게 됐죠. 지금은 이런 형태의 매거진이 많이 생겼어요. 정말 신기한 게 매거진이 정말 돈이 안 돼요. 저희도 지금 적자예요. 그런데 요즘 잘 만든 다양한 매거진들이 많은 게 미스터리예요. 항상 고민하는 것 중에 하나가 돈이 안 되는 매거진을 고생하면서 왜 계속 만들어야 하는 것이에요.😄

격하게 공감합니다.😄 저도 돈 안 되는 매거진을 왜 만들어야 할까 고민하면서도, 매거진으로 돈을 벌지 못하더라도 계속 만들고 싶다는 생각이 공존해요.

매거진은 매거진으로 끝나는 게 아니라 철학을 생산해 내는 거라고 생각해요. 큰 회사들도 자체 매거진을 만드는 이유 중의 하나가 사람들에게 철학을 지속해서 알리고 싶은 것도 있어요. 알리고 싶은 가치를 전달하고 소통하면서 세상이 조금 더 좋은 방향으로 나아가는 게 제가 궁극적으로 하고 싶은 일이에요. 이 일을 하기 위해서는 매거진만큼 좋은 게 없는 거 같아요. 내가 정말 하고 싶은 일이 무엇인지, 나는 사람들에게 어떤 이야기를 하고 싶은지, 그 이야기를 통해서 어떤 소통을 하고 싶은지, 이런 고민을 통해서 지금까지 <bear> 매거진을 발행할 수 있었던 거 같아요. 적자의 상태인데도 <bear> 매거진을 계속 만들어 나가는 이유는 저희 활동의 구심점인 거 같아요. 매거진을 계속해서 발행하다 보니까 <bear> 매거진이 하나의 생명체라는 생각도 들어서, 힘들어도 <bear> 매거진을 없애는 게 안될 짓 같아요. 매거진을 만들어 나가는 시간이 쌓일수록 어렵지만 더 각별해지는 느낌이 들어요.

<bear> 매거진만큼이나 많은 분들이 「bear cafe」도 좋아하세요. 카페를 만들게 된 계기가 있을까요?

오프라인 공간이 꼭 필요하다고 생각했어요. 공간에서 사람들을 만나고 토크 행사와 전시도 하면서 다양한 방법으로 독자들과 소통하고 싶었거든요. 서촌에 있는 「bear cafe」에서는 <bear> 매거진의 가치를 더 확장시켜 나가려고 해요. 그래서 다양한 사람들과 소통하는 작업을 하고 있어요.

「bear cafe」에서 <APIECEOF> 매거진 창간호의 주제이기도 한 '선우정아'의 공연이 열렸잖아요. 정말 인상적이었어요. 저도 매거진을 발행하는 입장에서 상상했던 이상적인 모습이라고 생각했는데, <APIECEOF> 매거진은 어떤 매거진인가요? '선우정아'의 공연 이야기도 궁금해요.

「코오롱」 그룹이 새로운 문화를 위한 <APIECEOF>라는 프로젝트를 만들어서 한 호에 하나의 뮤지션을 소개하는 매거진이에요. 그리고 <APIECEOF> 매거진 1호의 주제가 '선우정아'였어요. <bear>와는 다르게 디자인이 굉장히 화려해요. '선우정아'라는 인물을 조각조각 나눠서 다양한 이야기를 소개하고, 나눠진 이야기는 다양한 작가들을 만나서 재해석된 후 새로운 형태로 담은 매거진이에요. 사람들과 매거진의 가치를 공간에서 소통했던 게 '선우정아'의 공연이었어요. 작은 공간에서 진행된 공연이었지만 정말 좋은 시간이었죠.

종이 매거진을 찾는 사람들은 유튜브보다는 훨씬 더 느린 호흡으로 진지하게 이야기를 들여다줄 준비가 되어 있어서 종이 매거진에 맞는 이야기를 계속 찾아 나가고 있는 중이에요.

개인적으로 「디자인이음」에서 발행하고 있는 책들 중에서 「문고」 시리즈도 정말 좋아해요. 70년대 문학부터 독립 출판 작가들의 글이 담긴 「청춘문고」도 있는데, 「문고」 시리즈는 어떻게 시작이 되었나요?

70년대에 읽었던 문학의 느낌을 디자인적으로 재해석하고 싶다는 생각에서 시작했어요. 더 나아가서 독립 출판 작가들의 책을 「문고」 형태로 만드는 「청춘문고」 작업까지 하게 됐죠.

<bear> 매거진은 지금까지 꽤 많은 이슈들을 발행했어요. 이슈가 늘어날수록 고민도 같이 늘어날 거 같은데, <bear> 매거진과 관련된 가장 큰 고민과 고민을 많이 했던 시기는 언제였나요?

매 호마다 정말 많은 고민을 하고 있는데, 일단 생존에 대한 고민이 가장 커요. 잘 생존하기 위해서는 지금의 매거진 문화를 어떻게 정리 하느냐가 필요한 거 같아요. 개인적으로 <KINFOLK>가 이끌었던 「Slow Life」의 가치를 담은 매거진 문화의 유행이 지나가고 있다는 것을 예전부터 많이 느끼고 있어요. <bear> 매거진도 초창기보다는 인기가 없어진 거 같아서 많은 고민을 항상 하고 있어요. 재작년에는 회사 사정이 정말 어려워서 대부분의 직원들이 회사를 나가는 상황들 도 있었어요. 몇 개월 동안 아무것도 할 수가 없어서 <bear> 매거진 폐간에 대한 생각도 했죠. 제 인생과 <bear> 매거진이 여러모로 힘들 었던 시기였고, 매거진을 계속 만들어 나가야 되는 것인지에 대한 고민 을 많이 했어요.

고민이 크고 많았던 시기를 견디고 나아갈 수 있었던 원동력과 계기는 무엇이었나요?

폐간한다고 생각하니까 예전에는 잘 몰랐는데 <bear> 매거진의 콘텐츠가 정말 소중하고 절실하게 느껴졌어요. 그동안 독자들이 알아 줬는지 모르겠지만 저에게는 정말 소중한 작업이었거든요. 그 시기에

「bear cafe」에 자주 놀러 오는 길 고양이들이 있었는데, 그중에 한 고양이가 어느 날 다리가 부러지고 건강이 좋지 않은 상태로 왔어요. 고양이를 치료하기 위해서 보살피고 모금 활동까지 해서 다행히 살릴 수 있었죠. 아픈 고양이를 위해서 많은 분들이 도와주시는 모습을 보고, 사람들이 고양이를 정말 좋아한다는 것을 느꼈어요. 고양이를 치료하면서 저도 같이 치유받는 느낌이었죠. 저희가 고양이를 치료하기 위해서 노력하는 모습을 보고, 일을 의뢰하는 연락도 많이 와서 다시 직원들을 채용할 수 있게 됐고, <bear> 매거진도 「고양이」를 이슈로 발행할 수 있었어요. 「고양이」 이슈 마지막에는 다친 고양이를 치료하는 이야기를 넣었는데, 지금 그 고양이는 저희 집에서 사고만 치는 고양이로 건강하게 잘 지내고 있어요.😊 <bear> 매거진을 발행하는 일의 소중함과 우연히 만난 고양이 덕분에 어려운 시기를 견뎌낼 수 있었어요.

최근 독립 출판의 문화가 활발해지고, 크게 성장할 수 있었던 이유는 무엇이라고 생각하세요?

청춘의 문화가 크게 성장할 때는 기성세대에 대한 반감이 크게 작용한다고 생각해요. 60-70년대 록 음악을 좋아하는데, 그 당시 히피 문화와 같은 것들이 없었다면 그 시대의 록 음악은 없었을 거 같아요. 기성세대와는 다른 우리만의 문화를 만들고 싶은 욕망이 점점 커져서 지금의 독립 출판문화가 형성된 거 같아요. 독립 출판문화에도 흐름이 있는데, 지금은 시각적으로 직관적이거나 독특한 디자인의 책들이 유행이라고 생각해요. 예전에는 다양하고 깊이 있는 이야기를 담은 책들이 더 많았던 거 같아요.

독립 출판문화의 흐름에 따라서 <bear> 매거진도 영향을 받아서 변화가 있을 것 같아요.

사람들의 요구가 변하는 거에 맞춰서 저희도 최대한 변화하려고 노력해요. 처음에는 직업적인 면에서 일의 가치에 대한 이야기들을 다뤘는데, 최근에 발행한 이슈인 「카레」편에서는 많은 변화를 줬어요. 기존과 다르게 굉장히 화려해지고 직접적으로 와닿는 이야기를 담았죠. 페이지를 보면 이전의 <bear> 매거진과는 비교할 수 없을 정도로 화려한 형태를 보여주고 있어요. <bear> 매거진이 달라진 모습처럼 사람들의 요구가 그만큼 달라졌다고 생각해요. 주제를 선정할 때도 3개월 후의 유행에 대해서 예민하게 생각해요. 이런 부분이 사회적인 흐름과 굉장히 밀접하게 적용이 돼요. 지금 사회가 어떻게 변화하고 있는지, 왜 이런 것들이 유행하고 있는지, 사람들은 지금 무엇을 관심 있어 하는지에 대해서 분석하려고 많이 노력하죠. 매거진 기획을 할 때 내가 관심 있고 좋아하는 것도 중요하지만, 오랫동안 이야기할 수 있도록 살아남으려면 반드시 사람들의 이야기를 들어야 해요. 내가 원하는 것과 사람들이 원하는 것의 접점을 찾는 게 정말 중요해요. 그 접점을 찾아가는 과정이 지금까지 <bear> 매거진의 생존기였어요. 지금 사람들의 관심은 어디로 향하고 있는지 굉장히 궁금해요.

매거진 이름을 <bear>로 하신 이유는 뭐예요?

행복한 일을 하는 사람들의 이미지를 담기 위해서 이름 고민을 많이 했어요. 처음에 생각했던 이름은 「happy」였어요. 그런데 주변에서 다들 유치하고 반려견 매거진 같다고 하길래 다시 고민했죠.😊 우연히 「bear」라는 단어가 떠올랐을 때 곰돌이 푸가 꿀을 먹으면서 행복하게 동산을 뛰어다니면서 일하는 느낌이었어요. 「bear」의 뜻을 찾아보니까 의미가 다양하게 있더라고요. 「bear」라는 이름을 주변에 다시 물어보니까 「happy」보다 훨씬 낫다고 해서 「bear」로 하게 됐어요. 나중에 알고 보니까 「bear」라는 해외 매거진이 있어요. 몰랐는데 「bear」가 해외에서는 푸근하고 통통한 남성상을 얘기하는 경우도 있더라고요. 그래서 해외에 있는 <bear> 매거진은 80년대부터 발행한 남성 동성애 관련 매거진이에요. 가끔 저희 SNS 계정으로 본인의 누드 사진을 보내주시는 남성분들도 계세요.😊

오랫동안 이야기할 수 있도록 살아남으려면 반드시 사람들의 이야기를 들어야 해요.
내가 원하는 것과 사람들이 원하는 것의 접점을 찾는 게 정말 중요해요.

매거진의 가장 큰 매력 중 하나가 지속성이고, 매거진을 발행하는 입장에서 가장 큰 어려움도 지속성인 거 같아요.

매거진을 만들어서 유지한다는 게 정말 힘들고 어려운 일인 거 같아요. 특히 만드는 거보다 유지하는 게 너무 어려워요. 요즘 유행이 너무 빨라서 새롭게 창간한 매거진들도 2-3년만 지나면 신선함을 잃어버리는 거 같아요. 신선함이 사라진 이후에도 버틸 수 있으려면 어떤 것들이 필요할지, 사람들에게 의미 있는 매거진을 만들고 있는 것인지에 대해 고민을 하다 보면 변화가 필요하다는 것을 느껴요. 앞으로 <bear> 매거진을 통해서 더 새로운 것들을 해봐야겠다는 생각을 해요. 디자인도 중요하지만 새로운 기획을 많이 시도하려고 해요.

새로운 기획 방향에 따라서 인터뷰 외에 다른 콘텐츠가 담길 수도 있는 건가요?

그러고 싶은데 쉽지는 않아요. 한정된 예산에서 진행을 해야 되고, 이미 만들어 놓은 포맷이 있어서 기존의 것을 벗어나 새로운 것을 한다는 게 어려운 거 같아요. 다음 호에는 인터뷰가 아닌 글도 들어갈 거 같아요. <bear>와 결이 맞는 콘텐츠를 다양하게 담고 싶어요.

기존의 틀을 벗어난다는 게 정말 어려운 거 같아요. 잘못 벗어나면 근본이 달라질 수도 있잖아요.

인터뷰이들의 진정성을 전달하는 게 가장 중요해서 그것을 벗어나면 안 돼요. <bear> 매거진을 통해서 전달하려는 가치가 훼손되지 않는 선에서 새로운 것을 시도하려고 하니까 한계가 있어요.

지속한다는 게 정말 중요한 거 같아요. 한 번 반짝 빛나는 별이 될 수는 있지만 계속해서 빛나는 별이 되는 거는 정말 어려운 거 같아요. <bear> 매거진을 발행하시면서 지속성에 대한 고민을 크게 하셨던 적은 언제였어요?

어느 시기라기보다 항상 고민하고 있는 거 같아요. 이전보다 <bear>
매거진에 대한 관심도가 줄어들고 있다는 느낌을 받아요. 매거진은
새로움이 중요한데 시간이 갈수록 새로움은 점점 사라지거든요.
새로운 것을 전달하고 싶은 욕심과 고민들은 더 늘어나는 것 같아요.
반응이 좋을 때와 반응이 없어서 좌절하는 순간들이 계속 반복돼요.

청중 : <bear> 매거진의 인터뷰 글을 읽으면 인터뷰이의 직업에 대한
생각이나 가치를 알 수 있어요. <bear> 매거진은 다른 매거진에서 볼
수 없는 내용들이 있어서 좋았어요. 매거진에서 새로움이 중요하지만
새로운 것들을 추구하다 보면 자칫 <bear> 매거진의 오리지널리티가
희석될 수도 있는데, 밸런스 조절을 어떻게 하시는지와 <bear>
매거진이 추구하는 오리지널리티는 어떤 것인지 궁금해요.

그 부분이 가장 어려운 문제인 거 같아요. 사람들은 점점 새로운 것을
원하는데, 오리지널리티를 지키다 보면 변화에 한계가 있어요. 처음
부터 저희가 지키려고 했던 가치와 원칙은 유명하신 분들보다는
본인의 일을 정말 좋아서 하시는 분들의 이야기를 진정성 있게 담는
거예요. 지금까지는 가치와 원칙을 잘 지키고 있다고 생각해요.
인터뷰이들의 이야기를 진지하게 고스란히 전달하면서 새로운 것들의
변화를 더해서 사람들과 계속 소통하려고 노력하고 있어요.

청중 : 디자인이나 편집 방향에서 새로운 시도를 하면서 본질은 흐리지
않는다는 말씀이신 거죠?

디자인적인 변화도 필요하지만 사람들에게 들려주고 싶은 이야기를
잘 기획하려고 해요. 변화하는 사회에서 앞으로 우리에게 직면하는
문제가 어떤 것일지에 대해서 많은 고민을 하고 있어요. 지금 시대에
아직 많이 얘기하지는 않지만 꼭 필요한 이야기를 해봐야겠다는
생각을 해요. 요즘 여러 가지 문제로 힘들어하는 사람들이 많고, 살아
가면서 느끼는 성취감도 줄어들고 있다고 생각해요. 빈부격차도

심하고, 집값도 너무 비싸고, 삶은 더 팍팍해져서 내가 원하는 일을 하면서 살기 어려운 시대인 거 같아요. 그러다 보니 많은 사람들이 재미와 가치, 성취감과 새로운 라이프 스타일을 찾기 위해서 고민하고 있어요. 그래서 앞으로는 내적으로나 외적으로 건강하게 살 수 있는 이야기를 하고 싶어서 감정적인 주제들을 다뤄보려고 해요.

청중 : <bear> 매거진의 콘텐츠를 유튜브 채널에 활용할 계획도 있으신가요?

종이 매거진과 유튜브 채널로 다루는 콘텐츠들의 가치는 동전의 양면과 같이 다른 거 같아요. 유튜브 채널들이 활성화될수록 책을 찾는 사람들도 늘고 있다고 생각해요. 안타까운 부분은 책을 좋아하는데, 구매는 하지 않는다는 점이에요. 종이 매거진에서 다뤘을 때 더 좋은 소재와 기획이 있어요. 종이 매거진을 찾는 사람들은 유튜브보다는 훨씬 더 느린 호흡으로 진지하게 이야기를 들어줄 준비가 되어 있어서 종이 매거진에 맞는 이야기를 계속 찾아나가고 있는 중이에요.

청중 : 주제를 선정하시는 방법과 새로운 이슈가 나왔을 때 반응이 좋다고 판단하실 때는 판매량이 이유가 되는 건가요?

매거진은 편집장이 끌고 가야 된다고 생각해서 주제는 제가 정하는 편이에요. 매거진은 성격과 개성을 분명하게 하는 게 중요해요. 그렇기 때문에 누군가 책임을 지고 전체 방향을 끌고 가는 게 성격과 개성을 유지하는 데 있어서 효율적이고 합리적이라고 생각하죠. 새로운 이슈가 나왔을 때 판매 흐름과 SNS의 반응을 유심히 살펴요. 지인들에게도 가능한 많은 의견을 듣고요. 단순 판매량 보다 사람들의 다양한 반응을 살피려고 해요. 예전에는 서점 판매량 외에 알 수 있는 정보가 별로 없었는데, 지금은 훨씬 더 열려 있어요. 사람들이 좋아하면 본인 SNS에 바로 올리는데, 이런 반응을 유심히 보는 편이에요.

출판사 「디자인이음」은 기성 출판과 독립 출판의 영역에 다 포함되어 있는 거 같아요. 같은 출판이지만 독립 출판의 결은 많이 다른데, 「디자인이음」의 책들은 독립 출판에서 호감도가 높은 거 같아요. 특별히 신경 쓰시거나 중요하게 생각하시는 부분이 있으세요?

독립 출판 영역에서의 판매와 이미지, 위치 같은 것들을 중요하게 생각해요. 독립 출판에서 반응이 좋으면 1년 뒤에 대형 서점에서 비슷한 장르의 책들이 보이기 시작할 정도로 독립 출판의 유행이 정말 빨라요. 독립 출판문화를 좋아하는 분들이 저희가 만든 책을 어떻게 받아들여 주실지에 대한 반응을 민감하게 지켜봐요. 우리의 이미지가 너무 상업적이진 않은지, 너무 B급인 건 아닌지 등에 대한 여러 가지 고민을 하면서 「디자인이음」의 이미지를 만드는 것을 굉장히 중요하게 생각해요.

청중 : 매거진에서 트렌디함과 새로움이 중요하다고 생각하는데, 그런 것들이 어느 순간 비슷한 새로움처럼 느껴질 때가 있어요. 편집장님은 매거진에서 왜 새로움이 중요하다고 생각하세요? 그리고 편집장님이 생각하시는 새로움과 앞으로 어떤 새로움을 만들어 나가고 싶으신지도 궁금해요.

매거진 안에 아무리 좋은 얘기가 있어도 사람들이 보지 않으면 의미가 없어요. 관심을 받지 않으면 존재할 의미가 없기 때문에 이전과 다른 새로운 모습을 보여주고 싶어요. 창간했을 때는 새로운 가치라고 생각했던 것들을 가득 담아서 신선한 느낌을 전달할 수 있었어요. 좋아하는 일을 하시는 분들의 이야기를 긴 인터뷰 글로 소개하는 매거진이 없었거든요. 그런데 이제는 익숙한 형태가 된 거 같아요. 지금 사람들이 원하는 기호에 맞춰서 메시지와 철학을 분명하게 유지하면서 다양한 시도를 하려고 해요. <bear> 매거진이라는 익숙한 형태에서 조금 더 신선하게 보여줄 수 있는 게 무엇일지 항상 고민해요. 디자인이나 형태적인 부분도 중요하지만 기획이나 내용에 있어서 근본적인 변화를 주려고 하죠. 그리고 지금 유튜브 문화와는 다른 오래되고 아날로그적인 것들을 주목하고 있어요. 옛날의 기억을 되살릴 수 있는 다양한 것들에 대해서 적극적으로 집중하려고 해요.

청중 : 저는 회사에서 실용적인 요리책 만드는 일을 하고 있는데, 예전부터 <bear> 매거진을 좋아했고, 최근에 나온 「카레」편을 보고 충격받았어요. 저희 회사에서도 카레 책을 준비하다가 취소됐는데, 그 당시 제가 추천했던 카레 가게들이 다 <bear> 매거진 「카레」편에 실렸고, 제가 생각했던 것과 궁금했던 내용들이 다 담겨 있었어요. 제가 카레 책을 기획했을 때는 카레의 역사, 종류, 레시피 등의 실용적인 내용에 대한 것들을 연구했는데, <bear> 매거진에 담긴 인터뷰이들의 이야기를 읽으면서 자연스럽게 얻게 되는 정보들이 많아서 충격적이었고 질투가 났어요. 제가 <bear> 매거진을 보고 느꼈던 질투의 감정처럼 질투 나셨던 대상이 있으셨어요?

질투 나는 거 정말 많아요. 특히 새로 생기는 매거진들은 다들 너무 잘해서 볼 때마다 놀라는 경우가 많아요. <PRISM OF> 같은 매거진은 지금의 시대를 대표하는 매거진이 아닐까 생각해요. 단순히 영화의 정보를 전달하는 매거진이 아니라 <PRISM OF>를 소유하고 싶거든요. 한 편의 영화를 다루기 때문에 종이 매거진을 통해서 영화를 소유하는 즐거움을 줄 수 있다는 점이 지금의 트렌드에서 눈여겨 볼만한 매거진이라고 생각해요. 요즘 새로 나오는 독립 매거진들을 보면 굉장히 충격적이고 질투 나요. 그리고 지금 같이 대화를 나누고 있는 여러분들도 언젠가 너무 새롭고 신선한 느낌을 주실 것 같아요.

요즘 매거진을 포함해서 나만의 무엇을 만들려고 하시는 분들이 정말 많은 것 같아요. 그런 분들이 어떤 노력을 하면 좋을까요?

뭐든 실행하는 게 중요해요. 무엇을 하고 싶고, 하면 재미있을 거 같은 것들을 생각하고 이야기하는 사람들은 많아요. 그런데 실행하는 사람은 별로 없고, 말만 하고 끝나는 경우가 많죠. 좋은 결과가 있지 않더라도 내가 좋다고 생각했던 것을 직접 실행해 보는 것만큼 중요한 거는 없는 거 같아요. 실행해서 만들었다면 사람들에게 꼭 의견을 들어보세요. 매거진의 경우에는 책 한 권으로 끝나는 게 아니에요. 계속해서 발행하다 보면 발행하는 사람의 생각이 드러날 수밖에 없어요. 좋은 콘텐츠를 만들어 내는 건 좋은 사람이 하는 거기 때문에 만드는 사람이 어떤 생각을 하고 있는지가 중요해요. 평소 중요하게 생각하는 가치와 철학에 대해서 고민하고 실천하면서, 열심히 돈을 모으면서 계속 살아 나가야죠. :)

하고 안 하고의 차이는 정말 큰 거 같아요. 할까 말까 고민하는 단계에서 나눌 수 있는 이야기는 많지 않은데, 실행하게 되는 순간 나누는 대화는 정말 깊고 풍부해져요. <favorite> 매거진을 창간하기 전에 「bear cafe」로 찾아가서 편집장님에게 조언을 들었는데, 현실적인 좋은 이야기들을 정말 많이 해 주셔서 <favorite> 매거진을 창간할 수 있었어요. 그때 해주셨던 좋은 말씀들을 다 귀담아들었는데, 매거진으로 돈을 벌 수 없다는 제일 중요한 말씀을 제가 소홀히 들었던 거 같아요. :)

본인이 하면 잘 할 수 있을 거라고 생각하셨을 수도 있어요. :)

좋은 콘텐츠를
만들어 내는 건
좋은 사람이
하는 거기 때문에
만드는 사람이
어떤 생각을
하고 있는지가
중요해요.

처음부터 끝까지 음악의 뮤지션, 가사, 시대적 배경 등에서 모티브를 가져와서 모든 콘텐츠를 만들어요. 필름 사진 매거진이지만 음악으로 이끌어가고 있어요.

Our past and present in film photography

hep vol.3 what's going on

hep.

음악의 제목을 주제로 선정하고 필름 사진만 담는 <hep> 매거진과의 대화

<favorite> 김남우　　　<hep> 남필우

hep.

날짜 : 2020년 2월 1일 토요일 / 시간 : 오후 3시부터 5시까지
장소 : 을지로 ffavorite / 참여 : 청중 16명
대화 : <hep> 남필우 & <favorite> 김남우
· QR 코드를 스캔하시면 대화 영상 일부를 보실 수 있습니다.

INSTAGRAM : @hep.magazine
HOMEPAGE : hep.kr

김남우(이하 없음)   <hep> 매거진의 '남필우' 편집장님과 같이 이야기를 나누려고 해요. <hep> 매거진 토크 행사를 신청해서 오신 분들이 참여하시게 된 계기와 어떤 이야기를 듣고 싶은지 말씀해 주시면 좋을 거 같아요.

남필우(이하 없음)   오신 분들을 마주하고 있으니까 더 긴장이 돼요.😊 <hep> 매거진에 관심 있으신 분들이 지금 제 앞에 계신다는 게 기분 좋고 설레네요. 오늘 저의 이야기를 들려 드릴 텐데, 한 가지 먼저 말씀드리고 싶은 건 기대하시는 것만큼 대단한 거는 없을 거예요.😊 <hep> 매거진을 창간하게 된 이유와 발행하면서 느꼈던 점들에 대해서 편하게 얘기하려고 해요. 제가 말 주변이 좀 없는데 재미있게 들어주세요.😊

청중 : 우연히 인스타그램에 올라온 공지를 보고 신청했어요. 필름 카메라에 관심이 많은데, 필름 카메라로 찍은 사진으로만 매거진을 구성하는 점이랑 스토리가 궁금했어요. <hep> 매거진을 만들게 된 계기와 1년에 두 번만 발행하시는 이유도 궁금해요.

청중 : 저는 현상소에서 일을 하고 있어서 필름 사진을 많이 접하고 있고, 필름 사진을 담는 매거진을 찾고 있었어요. 그런데 얼마 전에 「종이잡지클럽」을 방문해서 <hep> 매거진을 발견하게 됐죠. 반가운 마음에 소장해서 재미있게 보다가 토크 행사 공지를 보고 바로 신청했어요.

청중 : 인스타그램에서 토크 행사를 보자마자 신청하게 된 이유는 노래 제목을 주제로 선정하고, 필름 사진으로 구성한다는 점이 정말 매력적이라고 생각했어요. 노래를 정말 좋아하고, 노래에서 많은 영감을 받아서 노래가 제 인생을 이끌어준 부분도 있는데, 그런 점이 <hep> 매거진과 공통적인 부분이 있다고 생각해서 이야기를 들어 보고 싶었어요.

청중 : 요즘 제가 좋아하는 것들을 어떻게 잘 담아낼지에 대해서 가장 많은 고민을 하고 있어요. 음악이랑 필름 사진을 좋아하고, 매거진에도 관심이 많아서 토크 행사에 참여하게 됐어요.

오신 분들이 편집장님에게 듣고 싶어 하는 이야기가 어느 정도 비슷한 거 같아요. 저 역시 비슷한 궁금증으로 인해서 <hep> 매거진의 토크 행사를 진행하게 됐어요. 지금부터 토크 행사를 시작하도록 할게요. <hep> 매거진과 편집장님 소개를 해주세요.

<hep> 매거진을 보신 분들은 아시겠지만 슬로건이... 뭐였지? 아! 'our past & present film photography'예요. 😊 제가 다루고 싶었던 건 필름 사진에서 느꼈던 낭만이에요. 카메라는 사진을 찍는 순간 현재와 과거가 되어 버리는 놀라운 장치라고 생각해요. 제가 어렸을 때 찍었던 사진들이나 지금 찍는 사진들이 과거와 현재를 연결시켜 주는 거죠. 필름 카메라와 필름 사진은 아날로그적이면서 과거와 현재를 이어주는 중요한 오브제인 거 같아요. 그래서 지금의 슬로건을 사용하게 되었어요. 근데 질문이 뭐였죠?

<hep> 매거진의 소개요.

아, 그래서 'our past & present film photography'라는 슬로건으로 매거진을 만들고 싶었어요. 😊 <hep> 매거진은 필름 사진 매거진이고 1년에 두 차례 발행해요. 매 호의 주제는 음악 한 곡의 제목으로 정해요. 처음부터 끝까지 음악의 뮤지션, 가사, 시대적 배경 등에서 모티브를 가져와서 모든 콘텐츠를 만들어요. 필름 사진 매거진이지만 음악으로 이끌어가고 있어요. 매거진 각 호마다 담긴 감성을 최대한 전달하기 위해서 종이 재질도 다르게 적용하고 있죠. <hep> 매거진은 이렇게 만들어지는 필름 사진 매거진이에요.

편집장님에 대한 소개도 부탁드려요.

저는 보시다시피 머리가 짧은 뚱뚱한 남자예요. 😊
「Polar Works Art Co.」라는 1인 출판사를 운영하고 있는데, 1인 출판사여서 일반적인 출판사의 시스템으로 움직이지는 않아요. 그때그때 발생하는 일을 진행하면서 <hep> 매거진을 정기적으로 발행하고 있어요. 사진집이나 단행본 작업도 하고, 외부의 의뢰에 의한 브랜딩, 그래픽, 전시 도록과 같은 작업도 해요. 그리고 「Pinzle」이라는 그림 정기 구독 서비스에서 크리에이티브 디렉터를 맡고 있어요. 「Pinzle」의 서비스는 해외의 일러스트레이터나 페인터 등과 같은 아티스트를 선정해서 국내에 한 달에 한 명씩 작품과 함께 소개하는 서비스예요. 「Pinzle」의 비주얼적인 요소는 제가 다 맡아서 진행하고 있어요.

하시는 일이 굉장히 많으시네요.

있어 보이는 일들이죠. 😊

<hep> 매거진을 창간하게 된 구체적인 계기에 대해서 들려주세요.

20대 때 싸이월드가 한참 유행하는 시기에 필름 사진 붐이 일어났어요. 싸이월드에서 보게 되는 필름 사진들이 너무 멋있었고, 그 당시 제가 일본 영화도 무척 좋아했어요. 일본 영화의 따뜻하고 잔잔한 무드에는 꼭 필름 카메라가 나오더라고요. 필름 카메라가 너무 궁금해서 직거래로 구매해서 부지런히 찍고 다녔었는데, 시간이 지날수록 관심을 놓게 되더라고요. 그런데 어느 날 홍대 앞을 지나가는데, 무거운 쇳덩이라고 생각했던 필름 카메라를 목에 메고 다니면서 사진을 찍으시는 분들을 봤어요. 그분들을 본 장면이 제가 필름 카메라를 좋아하던 시절로 돌아간 거 같은 느낌이었어요. 그래서 필름 카메라와 관련된 것들을 찾아보니 여전히 일상에서 필름 카메라를 즐기시는 분들이 많았고, 국내보다 해외에 더 많으셨어요. 국내외에 다양한 분들이 찍으신 필름 사진을 보니까 너무 멋있어서 지면에 담고 싶다는 생각을 했죠. 예전에는 필름 카메라로 찍은 사진을 인화해서 집에 보관하거나, 싸이월드에 올리는 정도였지, 지금의 독립 출판처럼 개인이 책을 만들기에는 어려운 시절이었어요. 그런데 다양한 독립 출판물들이 만들어지고, 판매도 하고 있어서 '필름 사진 매거진'이라는 것을 한번 만들어보자고 마음먹고 무작정 시작했어요. 필름 사진을 너무 좋아해서 시작하게 됐어요.

필름 사진을 활용해서 사진집이나 단행본의 형태로도 만들 수 있는데 매거진을 선택하신 특별한 이유가 있으세요?

일단 멋있어 보이잖아요. 😊

멋있죠. 괜히 있어 보이고요. 😊

편집장이라는 타이틀도 멋있잖아요. 😊 사진집은 작가의 가장 멋있는 사진과 지면의 여백, 사진과 관련된 글을 보면서 처음부터 끝까지 작가의 생각과 감정을 온전히 느끼게 되는데, 저는 전달하고 제가 다루고 싶었던 건 뽑을 사진에서 느꼈던 낯설이에요.
카메라는 사진을 찍는 순간 현재와 과거가 되어 버리는
놀라운 장치라고 생각해요.

싶은 게 조금 달랐어요. 필름 사진을 좋아하는 거만큼, 다양한 음악도 정말 좋아서 사진과 음악의 감성을 같이 전달하고 싶었고, 제가 하고 싶은 얘기를 극적으로 전달하고 싶었어요. 그러다 보니 인터뷰를 비롯해서 다양한 형태의 콘텐츠가 한 권의 책에 담길 수 있는 매거진을 선택하게 됐어요.

왜 이름이 <hep>이에요? 어떤 의미가 있나요?

이름에 대해서 물어보시는 분들이 많은데 「힙스터」라는 말 아시죠? <hep>은 「힙스터」의 어원이기도 해요. 1940년대에 재즈광들을 「힙스터」라고 불렀는데, <hep>은 재즈를 연주하는 연주자들이 장단을 맞춰 내는 음성어이기도 했어요. 최근 사정에 밝다는 것을 표현할 때도 <hep>이라고 표현했다고 해요. 그 표현이 지금은 「힙」이라는 표현으로 바꼈죠. 「힙스터」들은 대중의 흐름을 따르지 않고, 좋아하는 것을 고집스럽고 멋있게 표출하잖아요. 지금의 디지털 시대에 필름 사진을 담은 종이 매거진도 흐름을 따르지 않은 부분이 연관성 있어서 보여서 <hep>으로 정하게 됐어요. 「힙(hip)」도 생각했는데 19금 같기도 해서 <hep> 매거진으로 정했죠.😉

<hep> 매거진을 창간하기 위해서는 어떠한 노력을 하셨어요?

국내외 시장 조사를 많이 했어요. 보통의 시장 조사는 만들려고 하려는 것을 참고할 수 있는 레퍼런스를 많이 찾는데, 저는 제가 만들려고 하는 필름 사진 매거진의 콘셉트가 이미 있는지 찾고 싶었어요. 왜냐면 <hep> 매거진을 창간했는데, 어디에선가 또는 과거에 이미 만들어진 콘셉트일 수도 있잖아요. 저는 아무도 하지 않은 것을 하고 싶었거든요. 시장 조사를 하면서 <hep>과 비슷한 콘셉트가 없다는 것을 알게 돼서 하면 되겠다는 확신을 얻었고, <hep> 매거진을 창간해야겠다는 생각도 확고해졌어요.

남들이 가지 않은 길을 개척하겠다는 마음이네요.

맞아요. 그것도 멋있어 보이잖아요.😊

그럼에도 불구하고 영향을 받은 대상이 있을 거 같아요.

없어요.😊 영향을 받은 것보다 <hep> 매거진을 통해서 표현하고 싶었던 느낌을 많이 상상했어요. <hep> 매거진을 '어디에 놓았을 때 비주얼적으로 이쁠까?'라는 생각을 했을 때, 영화 《콜 미 바이 유어 네임(루카 구아다니노, 2017)》에서 주인공이 있는 수영장 어느 한 곳에 타월과 함께 <hep> 매거진이 있으면 너무 예쁠 거 같다는 상상을 했죠. 그런 책을 만들고 싶은 이미지를 많이 연상했고, 오래된 LP의 아트웍들을 참고했어요.

매거진 작업을 하다 보면 이미지의 일정한 톤을 맞추기 위한 보정 작업을 많이 해요. 필름 사진은 원본 사진이 가지고 있는 자연스러운 느낌도 중요한데, 매거진 작업을 하실 때 보정 작업을 하시나요?

보정 작업에 대해서 처음에는 고민을 많이 했어요. 매거진 한 권을 처음부터 끝까지 보는 동안 사진의 기복이 있으면 보는 사람도 감정 기복이 있을 거 같았거든요. 일정한 톤으로 보정 작업을 해봤는데, 원본 사진에서 느꼈던 감동이 없더라고요. 그래서 보정 작업을 하지 않아요. 대신 <hep> 매거진에 담긴 사진의 느낌과 톤을 어느 카메라와 필름으로 구현했는지 정보를 알려 드려요. <hep> 매거진에서는 빛을 너무 많이 받아서 사진이 탔거나 빛의 양이 부족해서 그을림이 심한 사진들도 그대로 담아요. 이런 점을 <hep> 매거진에 참여해 주시는 필름 유저분들도 좋아하세요.

<hep> 매거진 1호의 주제로 선정한 노래의 배경과 1호에 담겨 있는 무드에 대해서 설명해주세요.

주제로 선택하는 곡들은 정말 아끼는 곡들이에요. 제 플레이리스트에서 주제를 선정하고 매 호마다 장르도 다르게 선정해요. 1호의 주제는 '제인 버킨'이 60년대를 그리워하는 곡인 「Ex-fan des Sixties」이에요. 노래에서 60년대의 팬이라고 얘기하면서 그 당시 인기 있었던 뮤지션인 비틀스, 링고스타 같은 팀의 이름을 가사에 나열했는데, 그 노래를 듣는 순간 너무 재미있었어요. 「Ex-fan des Sixties」의 가사 내용을 자세히 보면 '60년대 우리는 그런 스타들을 좋아했고, 그때는 로큰롤 음악을 들으면서 춤을 췄지'라고 하면서 그리워하는 회상의 노래예요. 'Ex-fan des Sixties'를 <hep>의 창간호 주제로 해야겠다고 마음을 먹고 60년대와 빈티지, 에르메스와 버킨백 등의 내용을 담았어요. 빈티지를 좋아하는 분들이 좋아하는 60년대의 영국과 프랑스 문화, 가구, 음악과 같은 것을 전반적으로 담고 싶었어요. 60년대를 헌정하는 마음으로 <hep> 매거진 창간호를 만들었어요.

1호의 내용 중에 '60년대라는 시대에서 영감받은 것은?'이라는 질문에 인물들의 다양한 답을 재미있게 봤어요. 질문을 받으신 분들 대부분이 60년대를 경험하지 않은 분들인데도 불구하고 재미있는 답을 많이 해주셨더라고요. 편집장님을 비롯해서 오늘 오신 분들 중에 60년대에 받은 영감이 있다면 어떤 것인지에 대해서 얘기를 들어보고 싶어요. 각자가 생각하는 60년대는 어떤 모습이고, 어떤 것들이 떠오르는지 같이 얘기하면 재밌을 거 같아요.

청중 : 60년대는 잘 모르지만 영화 《몽상가들(베르나르도 베르톨루치, 2003)》이 생각났어요. 대학시절에 봤던 영화이고, 60년대 프랑스의 청년들과 사회상을 담은 영화인데, 알고 보니까 사회적인 문제들도 많이 얽혀 있더라고요. 그런 부분을 사실 처음에는 잘 이해 못 했고, 영화 속 캐릭터들이 매력적이어서 좋아했어요. 영화에서

주인공들이 항상 영화관 맨 앞자리에 앉아서 영화 보는 모습이 너무 멋있어서 저도 한동안 영화관 제일 앞자리에서 영화를 봤어요. 패션도 정말 매력적이고, 시대가 주는 분위기가 정말 좋았어요.

《몽상가들》은 프랑스 배경 영화잖아요. 프랑스는 지금 가도 60년대와 다른 게 거의 없으니까 너무 좋은 거 같아요.

청중 : 아직 프랑스를 안 가봐서... 올해는 꼭 갈려고요.

아, 개똥이 정말 많아요. 그거만 조심하시면 돼요.😉

창간호를 만드신 이후에 2호를 만드실 때는 더 많은 고민과 생각을 하셨을 거 같아요.

1호가 생각보다 반응이 좋았어요. <hep> 매거진을 창간할 때 고민이 있었어요. 품을 들여서 매거진을 만드는데, 대중들이 좋아하는 것을 만들 것인지, 아니면 내가 좋아하는 것을 만들어서 나와 비슷한 사람들과 같이 즐길 것인지에 대한 고민이 정말 컸어요. 어떤 게 맞을지 몰라서 일단 내가 좋아하는 것을 만들기로 했고 반응이 없으면 1호만 만들고 끝내려고 했어요. 그런데 생각보다 반응이 정말 좋아서 거의 2달 만에 1호가 다 매진됐어요. 그런 반응을 보면서 1호에 많은 관심을 주시고 구매하시는 이유가 궁금했어요. 창간호의 신선함 때문인지, 필름 사진이 좋아서인지, 콘텐츠에서 매력을 느끼신 건지 궁금해서 2호를 만들어 보자고 마음먹었죠.

저희도 <favorite> 매거진을 2호까지 만들고 반응이 없으면 미련 없이 접으려고 했어요.😉 2호에 대해서 소개해 주세요.

2호는 처음부터 콘셉트를 치밀하게 세웠고, 2호까지 좋아해 주시면 3호부터는 내가 좋아하는 것들을 더 집중해서 정말 재미있게 만들 수 있을 것 같았어요. 1호에서는 옛것에 대한 그리움, 추억, 아름 매거진을 창간할 때 고민이 있었어요. 품을 들여서 매거진을 만드는데, 대중들이 좋아하는 것을 만들 것인지, 아니면 내가 좋아하는 것을 만들어서 나와 비슷한 사람들과 같이 즐길 것인지에 대한 고민이 정말 컸어요. 어떤 게 맞을지 몰라 일단 내가 좋아하는 것을 만들기로 했고 반응이 없으면 1호만 만들고 끝내려고 했어요.

다움이었다면, 2호에서는 고독을 다뤄보고 싶었어요. 그래서 주제 음악을 선정할 때 많은 고민을 했고, 표지도 과감하게 블랙으로 했죠. 주제로 선정한 곡이 '브라이언 이노'라는 뮤지션의 「by this river」라는 곡이에요. 「ambient」 장르의 음악인데, 이 장르를 좋아하는 분도 계시고, 생소하신 분도 있으실 텐데, 음악을 들으면 공간감을 느끼게 해주는 장르예요. 예를 들어 전시회를 갔는데, 물소리인 거 같기도 하고, 피아노 소리 같기도 한 소리로 공간을 채워주는 음악을 「ambient」 음악이라고 해요. '브라이언 이노'는 지금도 정말 유명한 영국 뮤지션인데, 70년대에 실험적인 음악으로 시작해서 「ambient」 음악의 시초가 된 뮤지션이에요. 「by this river」라는 곡은 「ambient」 장르에서 가장 대중적인 곡이고요. 단순한 멜로디의 반복과 차분한 목소리, 가사도 단순해요. '우리가 강가 옆에 있고, 우리가 여기 왜 왔을까…'와 같은 가사인데, 이 곡을 선택한 이유는 2호에 담고 싶었던 고독과 함께 고독에 수반되는 슬픔이나 그리움들이 느껴졌기 때문이에요. 특히 「by this river」가 영화의 배경 음악으로 쓰였던 《아들의 방 (난니 모레티, 2001)》이라는 이탈리아 영화가 있는데, 이 영화에서 많은 것을 느꼈어요. 영화를 보면서 정말 슬펐고, 영화의 장면들에서 느꼈던 제 감정이 고독이었기 때문에 2호에서는 고독을 꼭 담고 싶었어요.

「ambient」 장르가 저에게는 조금 낯설어요. 「by this river」를 처음 들으셨을 때 느낌은 어떠셨어요? 매거진으로 고독을 전달하기 위해서 많은 고민을 하셨을 것 같아요.

「by this river」를 처음 들었던 것은 20대 때 밤샘 작업을 해서 너무 피곤하고 정신이 몽롱한 새벽이었어요. 그 당시 새벽에 진행하는 라디오 프로그램인 「이주연의 영화 음악」에서 「by this river」가 나왔거든요. 잠을 제대로 못 자서 제정신이 아닌 상태에서 「by this river」를 들으니까 우주에 떠 있는 거 같은 기분이었죠. 그때는 「ambient」 음악이라는 것을 잘 몰랐는데, 들어 보시면 아시겠지만 저는 우주를 부유하고 있는 느낌이 들었어요. 2호를 보시면 표지의 촉감이 매끈하고 사람의 살결을 만지는 거 같은 사진을 담았어요. 그리워하는 이를 만지는 것 같은 느낌을 통해서 고독을 전달하고 싶었어요.

2호에서 '공간이 되어 주는 음악'이라는 주제로 다양한 분들의 글이 담겨 있는데, 편집장님이 애정하는 공간과 음악은 어떤 거예요? 다른 분들도 '어느 공간을 가서 들었던 좋은 음악'에 대해서 같이 이야기해보면 좋을 거 같아요.

저는 편집장님의 생각도 궁금해요.

저는 확실하게 있어요. 날씨가 좋은 날 을지로「ffavorite」테라스 벤치에 누워서 맥주 마시면서「시티팝」을 듣는 거예요. 그 시간이 너무 좋아서 아무것도 하고 싶지가 않고 어떤 방해도 받고 싶지가 않아요.

저는 두 가지가 생각이 나는데요. 약간 그런 날씨 있잖아요. 맑지는 않은데 비는 안 오고, 구름이 꼈는데 하늘은 높은 애매한 날씨. 하늘은 회색으로 덮여 있어서 필터를 먹인 거처럼 빨간색도 빨간색이 아닌 날씨가 있어요. 그런 날씨에 탁 트인 공간에서 듣는 음악이 '라나 델 레이'의「Tomorrow Never Came」이라고 '션 레논'이 피처링한 음악인데, 이 음악을 들으면 광활함이 느껴져요. 보이스 톤을 만졌을 수도 있고, 음악적인 효과일 수도 있는데, 그런 애매한 날씨에는 무조건 이 음악을 틀어요. 와이프랑 핀란드 헬싱키로 여행을 간 적이 있는데, 시청 앞 넓은 광장이 썰렁하게 비어 있어서 차갑게 느껴지는 공간에서 얼굴에 찬 바람을 받으면서 그 음악을 들었는데, 왜 그런지 모를 정도로 광활한 느낌이 남달랐어요.

다른 하나는 어떤 거예요?

젊은 나이에 아쉽게도 아빠가 쏜 총에 죽은 소울 뮤지션인 '마빈

게이'의 「what's going on」이라는 음악이 있어요. 제가 제대를 하고 훌륭한 학생이 돼 보려고 자정까지 학교에서 공부를 하고 스쿠터로 집에 갔던 시절에 스쿠터 스피커로 들었던 음악이에요. 이 음악을 들으면서 스쿠터를 타고 바람을 맞으며 집에 가는데, 근처에 있는 포도 농장에서 포도 내음을 우연히 맡았는데 정말 상큼하고 청량해서 곡이랑 매치가 너무 좋았어요. 언젠가 「what's going on」이란 노래는 포도향을 제대로 맡으면서 들어보고 싶다는 생각을 가지고 있었는데, 질문을 주셔서 생각이 났어요. 드라이브할 때 자주 들어요.

다른 분들도 어떤 공간에서 어떤 음악을 자주 들으시는지 궁금해요.

청중 : 저는 지금은 갈 수 없지만 3년 전 폴란드에 잠깐 있었어요. 그때 유일하게 마음을 놓을 수 있었던 공간이 제 방이었어요. 외국 생활을 하는 게 쉽지 않았거든요. 폴란드에서 누군가를 만나고 관계를 맺는 게 힘들었어요. 그래서 침대랑 책상만 있는 제 방에서 보내는 시간이 많았어요. 그때 침대에 가만히 누워서 '수프얀 스티븐스(Sufjan Stevens)'라는 아티스트의 「Carrie & Lowell」이라는 앨범을 처음부터 끝까지 다 들었던 시간과 공간이 생각났어요.

필름 유저분들을 인터뷰하고 사진을 담으시는데, 지금까지 만나셨던 분들 중에서 특별히 기억에 남는 분도 계실 거 같아요.

1호의 표지 사진을 찍으신 '조용현' 작가님이 있어요. 소소하게 찍은 본인의 사진으로 3-4권의 사진집을 발행하셨고, 충주에서 작은 카페를 운영하세요. 카페 공간이 작가님이랑 정말 닮았어요. 1호 표지 사진을 선정할 때 '조용현' 작가님의 사진에서만 고민 했어요. 작가님의 사진이 정말 좋았거든요. '조용현' 작가님을 알게 된 계기는 와이프가 일러스트 작가로 활동을 해서 「세종 예술시장 소소마켓」에 참여한 적이 있는데, 그때 작가님도 필름 사진으로 참여하셔서 알게 됐어요. 작가님은 충주에서 「작업실, 조용현」

이라는 카페를 운영하시는데 딱 본인을 닮은 곳이에요. 정적이시고 섬세하신 분인데 이분과의 인연이 저는 정말 좋았어요. 다른 매거진 커버에도 사진을 많이 실으셨는데, 저한테는 의미 있는 필름 유저 분들 중에 한 분이세요. 창간호를 만들 때 지인들의 도움을 많이 받았는데, 참여한 분들 중에 메이크업 아티스트로 일하면서 항상 필름 카메라로 일하는 현장을 찍는 분, 매거진 <B>의 '서재우' 에디터, 빈티지에 대한 확고한 철학을 가지고 있는 「미미갓더 뮤지엄」 등 도움을 주셨던 분들이 많이 생각나요.

2호에서 일본의 '이와무라 류타'라는 피아니스트가 인터뷰로 나온 글이 인상적이었어요.

2호에는 독자들을 고려해서 조금 더 전략적으로 주제와 어울리는 분들을 찾아서 콘텐츠를 담았어요. '이와무라 류타'는 일본 일러스트레이터 「노리타케」가 앨범 커버 아트웍을 해줘서 알게 됐어요. 일본에서 활동하시고 피아노 연주곡이 담긴 앨범인데, 일본 「노리타케」 홈페이지를 갔다가 우연히 '이와무라 류타'의 CD가 있어서 구매했어요. 앨범을 들은 후에는 2호에 담으려고 하는 고독의 느낌과 어울리는 거 같아서 메일로 인터뷰 문의를 했는데, 흔쾌히 허락해 주셨죠. 인터뷰는 서면으로 진행했고, 필름 사진은 '이와무라 류타' 주변에 필름 카메라가 있으신 분이 촬영을 해 주셨어요. 인터뷰를 진행하는 동안 너무나 감사했던 게 '이와무라 류타'씨가 2호의 주제 「by this river」를 만든 '브라이언 이노'도 좋아하고, 2호의 내용 중에 「류이치 사카모토와 전자 음악」이라는 섹션이 있는데, '류이치 사카모토'도 정말 좋아하는 뮤지션이라고 하더라고요. 이런 분들과 한 권의 매거진에 결을 같이 한다는 게 너무 마음에 든다고 하셨어요. 일본에서 본인이 직접 포토그래퍼를 섭외해서 촬영한 필름을 저희에게 보내주시면서, 한글로 '잘 부탁드립니다'라는 메시지도 적어 주셨죠.😊 번역할 때는 조금 힘들었지만 인터뷰를 진행하는 동안 많은 감동을 받았어요.

<hep> 매거진에서 지속적으로 유지하려고 하는 부분이 있을 거 같고, 또 한편으로는 변화하려고 노력하는 부분도 있을 거 같아요.

표지와 내지의 촉감은 계속 달라질 거예요. 왜냐면 전달하고 싶은 것들이 시각, 청각, 촉각 세 가지거든요. 약간 다른 얘기일 수도 있지만 사람의 오감 중에서 가장 먼저 쇠퇴하는 게 시각이라고 해요. 그 다음이 청각이고, 마지막이 촉각이래요. 촉각은 60대에 가서도 지금 우리가 느끼는 것처럼 똑같이 느낄 수 있다고 해요. 저는 공감각을 정말 좋아해요. 음악을 들었는데 색이 느껴지고, 어떤 것을 봤는데 소리가 들리는 거 같은 느낌이요. 그래서 시각, 청각, 촉각을 활용해서 <hep> 매거진이 전달하려고 하는 것을 극대로 느끼실 수 있도록 표지와 내지는 계속 변경될 거예요.

필름 사진에 관심 있으신 분들도 많고, 무언가를 해보고 싶으신 분들도 많은 거 같아요. 필름 사진으로 매거진이나 책을 만들고 싶은 분들이 어떠한 노력을 하면 좋을까요?

일단 필름 사진 매거진은 안 하시는 게 좋을 거 같아요. 제가 하고 있으니까.😊 농담이고요. 필름 사진을 제외하고도 매거진을 만들고 싶으시거나 정기적으로 발행을 하는 책의 물성을 만들고 싶으신 분들을 저는 응원하는 편이에요. 그게 어떠한 형태가 됐건 일단은 1호가 제일 중요해요. 1호가 나와야 그다음이 있으니까, 1호는 어떤 형태가 됐건 일단 만드셨으면 좋겠어요. 만들려고 하는 책의 포지션도 중요해요. 수많은 책들 중에서 어떻게 선택받을 거고, 누구에게 책을 읽어보게 하고 싶은지에 대한 생각이 명확해야 돼요. 책을 만드는 사람과 책을 읽는 사람 사이에서 공감대를 형성하는 게 중요하죠. 좋아 보이는 이미지나 텍스트를 만들 수는 있지만 내 것이 아니면 연속성을 가질 수 없다고 생각해요. 특히 매거진은 연속성을 가져야 되니까 확실한 타깃과 공감대가 형성되어야 해요.
오늘 <hep> 매거진으로 토크를 하는 자리에 많은 분들이 와주셔서 저는 공감대 형성이 잘 됐다고 생각하거든요. 포지션에 대한 확신이 섰을 때는 만드셔도 될 거 같은데, 의문이 생기거나 잘 모르겠다면 계속 자기 질문을 하시는 게 좋을 거 같아요.

1년 전에 편집장님을 <favorite> 매거진 인터뷰로 처음 만났어요. 그때는 「Pinzle」의 아트디렉터로 참여해 주셨는데, <favorite> 매거진 인터뷰 마지막에 항상 드리는 시그니처 질문이 있어요. 'What's your favorite ____?' 빈칸에 넣을 본인이 좋아하는 단어, 이 단어를 너무 좋아해서 상대방과 같이 대화하고 싶은 단어를 꼭 여쭤봐요. 그 당시 편집장님은 「공간」이라는 답을 주셨어요. 지금도 이 질문에 대한 답이 여전히 「공간」이신가요?

아직도 유효해요. 원하는 공간을 갖지 못했기 때문에 여전히 품고 있는 거 같아요. 오늘 토크 행사에 와이프가 같이 와서 청중으로 앉아 있는데, 결혼을 해서 초반에는 나와 너였는데, 아기가 생기면서 동지 같은 느낌의 우리로 변하는 거 같아요. 아기와 우리가 어떻게 관계를 하고 살아갈 것인가에 대해서 와이프와 자주 대화를 하는데, 여전히 요즘도 얘기하는 건 공간이에요. 좋은 공간에서는 음악이 없어도, 혹은 다른 장치들이 없어도, 공간 자체만으로도 영감을 받을 수 있어요. 저와 제 와이프는 그 영감을 받을 준비가 되어 있어서, 「공간」이라는 답이 아직까지 유효한 거 같아요.

'<favorite> 5호에 담겼던 「공간」에 대한 인터뷰 내용'
-
정원에 들어서는 순간 제 취향이 시작되는 집을 갖는 게 꿈이에요. 머무는 모든 공간에 눈에 거슬리는 게 없었으면 좋겠어요. 그래서 가구, 소품 등의 톤 앤 매너를 많이 신경 쓰고 선택하는 편이에요. 심지어 밥솥까지도 공간과 잘 어울리는 오브제였으면 하는 바람으로 변압기를 쓰면서까지 불편하게 사용하고 있어요. 와이프와 저는 공간에 의해 기분의 영향을 많이 받는 편이라 꿈꾸는 집을 만들게 되면 근심 걱정도 없어질 거 같다는 이야기를 종종 나누곤 해요. 여행을 갈 때 주로 「에어비앤비」를 이용하는데 숙박비용을 축은 공간에서는 음악이 없어도, 혹은 다른 장치들이 없어도, 공간 자체만으로도 영감을 받을 수 있어요.

아끼려는 목적보다는 타지에서도 취향이 비슷한 곳에 머물고 싶은 이유 때문이에요. 좋아하는 취향이 있는 공간에 머물고 있을 때는 화장실에만 앉아있어도 영감을 받거든요.

평소에 필름 사진을 많이 찍으시나요? 필름 사진과 관련된 재미있는 에피소드도 있을 거 같아요.

<hep> 매거진에 제 사진이 하나씩은 들어가요. 발행인의 글에는 제 사진을 넣고 있거든요. 필름 사진과 관련된 재미있는 일화가 있어요. 어느 날 처갓집에서 노란색 바탕에 한글로「코닥」이라고 적힌 필름이 하나 나왔고, 저도 제 방에서 필름이 나왔는데 영문으로「Kodak」이라고 쓰여있었어요. 둘 다 똑같이 36방짜리였는데, 뭐가 나올지 궁금해서 현상소에 맡겼는데 약간 기분이 쎄 했어요.😅

과거의 어떤 사진들이 나올지 모르니까 위험하죠. 저라면 안 맡겼을 거 같아요.😅

제가 생각이 짧았어요.😅 20대 때 찍은 필름 중 하나인데, 인화를 해보니 불안했던 예감이 적중했죠. 스캔본이 메일로 와서 열었는데, 첫 등장부터 낯선 여인이 나오는 거예요. 제 필름 사진에는 20대 때 한참 데이트를 하면서 찍었던 사진이 대부분이어서 얼굴을 붉히면서 재밌게 보고 웃었어요. 처갓집에서 나온 필름에는 와이프 고등학교 졸업사진이 있더라고요. 저희가 같은 고등학교인데 제가 1년 선배이고, 고등학생 때 같이 동아리 활동을 했어요. 기독교 동아리여서 아침마다 모여서 학교를 위해서 기도를 했는데, 그 당시 와이프랑 대화를 나눈 것은 다섯 번도 안 될 정도로 가까운 사이는 아니었어요. 그런데 와이프 졸업식 사진에 제가 찍혀 있는 거예요. 사진 속의 저희는 서로가 부부가 될 인연일 줄 몰랐는데, 운명인 거 같다는 생각도 했죠.😅 오늘 오신 분들 중에서도 필름을 사진을 찍으시는 분이 계신가요?

청중 : 저요.

어떤 카메라를 쓰세요?

청중 : 「미놀타」 노란색 수중 카메라요.

수중 카메라요?

청중 : 수중 카메라가 귀여워서 샀는데, 수중에서 쓰면 고장 날 거 같아서 지상에서만 사용해요.

찍으신 사진들은 인스타에 올리시나요?

청중 : 아니요, 올리진 않고 현상해서 별도로 보관을 하고 있어요. 아, 스토리에는 올려요.

카카오 스토리요?

청중 : 아니요, 인스타 스토리요.

아, 죄송해요.

편집장님 카카오 스토리 하세요?

아니요. 제가 인스타 스토리를 안 하다 보니까 순간적으로 착각을 했어요. 갑자기 확 나이 든 기분이네요.

또 필름 사진을 찍으시는 분 계세요?

청중 : 저는 「올림푸스 뮤2」 자동카메라를 쓰고 있어요. 초반에는

인스타에 엄청 많이 올렸는데, 그때는 풍경 사진이나 정물 사진을 주로 많이 찍었어요. 최근에는 지인들 사진을 많이 찍고 있어요. 찍은 사진은 지인들에게 나눠 주기도 하고, 한 번에 모아서 블로그에 올리기도 해요.

2호에 참여하셨던 필름 유저분 중에서 배우 '정은채' 매니저분이 있으세요. 그분도 필름 카메라를 가지고 다니면서 일하는 현장을 정말 많이 찍어요. 배우도 찍고, 같이 일하는 스태프들도 찍는데, 나중에 책을 만들어서 선물하고 싶다고 하더라고요.

청중 : 제가 지금 그거를 너무 하고 싶어요.

지인을 찍으신다는 이야기를 들었을 때 생각났어요. 또 필름 사진을 찍으시는 다른 분 계세요?

청중 : 오늘 「라이카 미니줌」을 가져왔어요. 사실 필름 카메라에 대해서 잘 모르는데, 수동보다는 자동이 편하게 찍을 수 있을 거 같아서 여행 갈 때 가져가려고 샀어요. 재작년에 뉴욕 여행을 가서 찍은 필름을 한국에 와서 현상을 맡기고 기다리는데, 사진이 어떻게 나올지 모르잖아요. 필름을 현상소에 맡기고 기다리는 시간이 다시 여행을 간 거 같았어요. 여행 후에 필름 사진을 기대하는 느낌이 너무 좋아서 여행 갈 때 항상 필름 카메라를 챙겨 가요.

「라이카 미니줌」은 스냅용으로 적당하고, 마음에 드는 게 있을 때 바로 찍을 수 있어서 좋은 거 같아요. 저는 「라이카 미니2」 카메라가 있는데 여행 갈 때 꼭 챙겨 가요. 재미있는 거 같아요.

청중 : 저는 「니콘 FM10」을 써요. 원래 「FM2」가 정말 유명한데, 아빠가 쓰시던 카메라가 보급형으로 나온 「FM10」이었어요. 국가 고시를 준비한 적이 있었는데, 국가 고시를 준비할 때 필름 카메라를 접하게 돼서 시험이 끝나면 꼭 아빠 카메라를 달라고 했어요.

시험이 끝나기 전에 카메라를 받으면 공부 안 하고 사진 찍으러 다닐 거 같았거든요. 시험 끝나는 다음 날 카메라를 받아서 찍기 시작한 게 5년 전이에요. 그렇게 찍다가 어쩌다 보니 현상소에서 일을 하게 됐어요. 자동 카메라는 후지 카메라가 있는데 엄마가 카카오 스토리에 우리 딸이 필름 카메라에 취미가 생겼는데, 집에서 놀고 있는 필름 카메라를 갖다주면 딸한테 주겠다는 글을 올렸어요. 그 글을 보고 젊은 시절에 필름 카메라 취미가 있으셨던 엄마 친구분이 카메라를 갖다주셨죠. 저는 아직까지 필름 카메라를 산 적이 없고 아빠 거, 엄마 친구분 거, 할아버지 거까지 3대를 가지고 있어요.

필름 카메라가 좋은 이유 중 하나가 손맛인 거 같아요. 레버를 감고 찍고 또 감아야 돼요. 수동 카메라일 경우에는 포커스도 맞춰야 되고요. 필름 카메라를 좋아하시는 분들이 핸드 드립 커피도 좋아 하시는데, 취향들이 비슷하신 거 같아요. 힘들고 번거롭지만 그런 과정을 좋아하시는 분들이 많이 계신 거 같아요.

셔터를 누를 수 있는 횟수가 정해져 있어서, 사진을 찍을 때 신중한 태도를 취하게 되는 게 좋다고 하시는 분들도 계시더라고요.

필름 카메라는 필름을 구매하고 현상을 해야 되기 때문에 비용이 계속 발생해서 주저하시는 분들도 있는 거 같아요. 필름 카메라와 사진에 관심은 있는데, 시작을 망설이는 분들은 재미있는 장난감 이라고 생각하고 시작하시면 좋을 거 같아요. 처음에는 비교적 쉬운 필름 자동 카메라로 사진을 찍으시고 현상하는 경험을 하시면 필름 사진을 찍는 매력을 느끼실 수 있을 거예요. 경험들이 쌓이다 보면 더 좋은 필름 사진을 찍기 위해서 수동 필름 카메라로도 찍어봐야 겠다는 생각이 드실 거예요.

hep.

시각, 청각, 촉각을 활용해서 <hep> 매거진이 전달하려고 하는 것을 극대로 느끼실 수 있도록 표지와 내지는 계속 변경될 거예요.

아침 시간이 저에게 영감을 정리하는 시간으로 자리매김을 한 거 같고, 자연스럽게 아침이라는 시간의 의미가 점점 커져서 <Achim> 매거진으로 이어진 거 같아요.

**All about your morning
for daily inspiration.**

Achim vol.16 SISTERHOOD

Achim

오직 내게만 집중하는 아침을 보내며
영감을 담는 <Achim> 매거진과의 대화

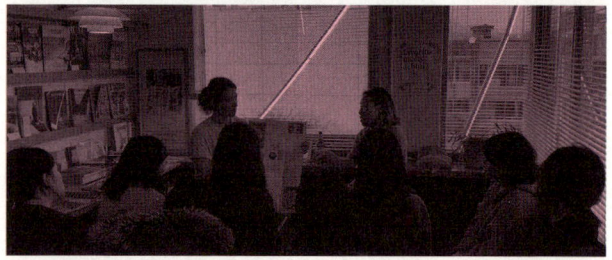

<favorite> 김남우   <Achim> 윤진

날짜 : **2020년 2월 15일 토요일** / 시간 : **오후 3시부터 5시까지**
장소 : **을지로 ffavorite** / 참여 : **청중 16명**
대화 : **<Achim> 윤진 & <favorite> 김남우**

. QR 코드를 스캔하시면 대화 영상 일부를 보실 수 있습니다.

INSTAGRAM : @achim.seoul
HOMEPAGE : have-achim.com

김남우(이하 없음)   <Achim> 매거진의 '윤진' 편집장님과 함께 대화 나누도록 할게요. 시작해도 될까요?

윤진(이하 없음)   네, 그럼요.

<Achim> 매거진과 '윤진' 편집장님의 소개를 부탁드려요.

<Achim> 매거진은 아침에 대해서 얘기하는 매거진이에요. 그래서 <Achim>이에요. 제가 아침이라는 시간을 굉장히 좋아하고, 그 시간을 사수하려고 노력하는 사람이라서 자연스럽게 아침 시간에 많은 것들을 해요. 아침에 글을 읽거나 쓰기도 하고, 항상 뭔가를 듣는 게 많아요. 먹는 거까지 다양한 행위를 하다 보니까 기록으로 남기고 싶었어요. 사진이나 글로 기록한 것들이 블로그에 차츰차츰 모이다 보니까 '콘텐츠로써 하나의 완성된 편집물로 만들어 볼 수 있지 않을까?'라는 생각을 하게 됐죠. 그 생각을 실행에 옮겨서 만들게 된 게 <Achim> 매거진이에요. 저는 <Achim> 매거진을 만들면서 회사도 다니고 있어요. 회사에서는 에디터로 일을 하다가 지금은 PB 브랜드를 맡아서 브랜드 마케팅을 하고 있어요.

오늘 <Achim> 매거진 토크 행사에 오신 분들이 참여하시게 된 이유가 궁금해요. 듣고 싶은 얘기에 대해서도 말씀해 주시면 좋을 거 같아요.

청중 : 「언리미티드에디션」이 광화문에서 했을 때부터 <Achim> 매거진을 좋아해서 항상 뵙고 싶었어요. 오늘처럼 이야기를 들을 수 있는 자리가 없었거든요.

청중 : 언니랑 여행을 갔었는데, 언니가 <Achim> 매거진을 챙겨 와서 기차에서 같이 읽었어요. 그때 기억이 너무 좋아서 언니랑 같이 오늘 토크 행사에 참여했어요.

청중 : 개인적으로 지금 영감이 필요한 시기여서 <Achim> 매거진 토크 행사에 참여할 수 있는 기회를 놓칠 수가 없었어요.

청중 : <Achim> 매거진은 우연히 서점에서 봤는데 너무 재미 있었어요. 편집 스타일도 너무 좋고, 콘텐츠도 재밌어서 온라인 에서 주문할 수 있는 이슈를 다 주문했어요. 한 번에 다 보지 않고 하나씩 아껴가면서 천천히 보고 있어요. <Achim> 매거진의 얘기를 들어보고 싶었어요.

청중 : <Achim> 매거진은 독립서점에 갔을 때 자주 보게 되는 매거진 중 하나인데, 특이한 점은 매거진인데 펼쳐서 보게 돼 있고, 회사를 다니면서 만드신다는 게 너무 놀랍더라고요. 유튜브 에서도 소개하는 영상을 봤는데, 굉장히 성실하고 부지런한 분이 신 거 같다는 생각을 했어요. 요즘 잘하는 일과 하고 싶은 일 사이 에서 갈등이 굉장히 많거든요. 그런데 어떻게 보면 두 가지를 다 하고 계시는 거 같아서 궁금해서 오게 됐어요.

청중 : 그래픽 디자인이나 편집 디자인을 좋아해요. 디자인을 전공

하지는 않았는데 관심이 있어서 이러한 작업을 하시는 분들의 이야기를 들어보고 싶었어요.

청중 : <Achim> 매거진을 보고 편집장님의 블로그나 인스타그램을 봤을 때 어떤 분일지 궁금했어요. 회사를 다니면서 <Achim> 매거진을 같이 하고 계시잖아요. <Achim> 매거진의 콘텐츠가 작위적이지 않아서 자연스럽다고 느껴졌어요. 저도 회사를 다니고 있는데, 회사를 다니면서 본인의 콘텐츠를 꾸준히 보여주시는 모습이 놀라워서 오게 됐어요.

청중 : 사진을 전공한 취업 준비생이고, 매거진 쪽에 관심이 있어요. 좋아하는 일을 하고 싶다는 생각을 하다가 준비 기간이 길어져서 '할 수 있을까?'라는 상태에 있는 와중에 신청을 하게 됐어요. 저는 엽서로 <Achim>을 먼저 알게 됐어요. <Achim> 매거진의 엽서를 봤는데 사진이 너무 제 취향인 거예요. 그래서 <Achim> 매거진까지 관심있게 보고 있어요.

청중 : 편집장님의 블로그 글을 통해서 처음 알게 됐어요. 블로그 글을 정말 재미있게 읽었거든요. 제 일상이 지루할 때 편집장님의 소소한 일상의 기록들을 읽으면서 기분 좋은 자극을 받았어요. 편집장님은 <Achim> 매거진을 비롯해서 여러 가지 일을 하셔서 실제로 어떤 분인지 만나 뵙고 싶었어요.

다들 비슷한 마음과 궁금함으로 오셨네요. 편집장님은 아침 몇 시에 일어나세요?

저는 5시 반에 일어나요.

항상 그 시간에 일어나세요?

거의 그런 거 같아요. 특별한 경우가 아니라면 5시 반에서 6시

사이에 일어나요.

그러면 취침은 몇 시에 하세요?

그렇게 일찍은 못 자요. 한 12시쯤 잠들어요.

아침에 일찍 일어나시는 분들을 보면 크게 두 가지 성향이 있으신 거 같아요. 스스로 눈이 자연스럽게 떠지는 분과 강한 의지로 알람을 맞춰서 일어나시는 분이 계시는데, 편집장님은 어느 쪽에 더 가까우세요?

저는 둘 다인 거 같아요. 처음에는 항상 아침에 그냥 일찍 일어나는 사람이라고 생각을 했는데, 제 의지가 있었던 거 같아요. 그 시간이 소중하니까 일찍 일어나게 되지만, 의지를 조금 더 넣었을 때 가뿐하게 일어날 수 있는 거 같아요. 테스트를 해 보려고 항상 5시 반에 맞추는 알람을 맞추지 않으면 그 시간을 넘겨서 일어나더라고요.

하루 중 아침에 집중하시게 된 계기가 궁금해요. 아침에는 어떤 매력이 있나요?

아침 시간에 왜 집중을 하는지에 대해서 많은 질문을 받았어요. '아침이 당신에게 어떤 의미인가?'와 같은 질문들에 비슷한 대답을 했죠. '아침 시간의 고요함이 좋다', '밤 새벽보다 아침 새벽이 좋다', '아침에 집중이 잘 된다' 등의 의미들이었는데, 근래에 들어서 아침이 진짜 저에게 어떤 의미가 있는지 다시 한번 생각해봤어요. 계기가 된 사건이 있었던 거 같아요. 제가 타지에서 1년간 혼자 살았던 적이 있어요. 그때 혼자 놓인 곳에서 저 스스로 저를 지키지 않으면 뭔가 무너져버릴 수 있겠다는 불안감 같은 게 있었어요. 낯선 도시에 인턴을 하러 갔는데, 제가 무너질까 봐 저를 타이트하게 조였어요. 그래서 그때는 4시 반에 일어났어요.

<Achim> 매거진은 아침에 대해서 얘기하는 매거진이에요. 그래서 <Achim>이에요. 제가 아침이라는 시간을 굉장히 좋아하고, 그 시간을 사수하려고 노력하는 사람이라서 자연스럽게 아침 시간에 맞은 것들을 해요.

업무 시간에 엄청 좋았던 거 아니에요?

다행히 앉아서 일을 하는 인턴이 아니었어요. 인턴을 하러 갔던 도시가 뉴욕이었는데, 굉장히 많은 영감을 주는 도시였어요. 잠깐 하루 동안 밖에 나갔다 와도 저한테 들어오는 인풋이 많고, 그거를 소화하는데 집중했던 시간을 아침에 썼어요. 그러다 보니까 아침 시간이 저에게 영감을 정리하는 시간으로 자리매김을 한 거 같고, 자연스럽게 아침이라는 시간의 의미가 점점 커져서 <Achim> 매거진으로 이어진 거 같아요. 뉴욕에서 한국으로 돌아와서 학교에 다닐 때나, 직장 생활을 하면서 아침의 모습이 조금씩 다르기는 하지만 여전히 아침은 저에게 비슷한 역할을 하면서 중요한 시간이에요.

5시 반에 기상하셔서 이후의 시간들은 어떻게 흘러가세요?

분 단위로 말씀드릴 수 있어요. 오랫동안 지켜온 루틴이어서 익숙해요. 참고로 저는 혼자 살고 있고, 독립을 한 지는 3년 정도 됐어요. 독립을 하기 전에도 지금과 비슷한 루틴으로 살았어요. 지금 기준으로 말씀드리면 5시 반에 일어나서 6시까지는 저를 로딩하는 시간이에요. 시동을 거는 시간이죠. 시동을 거는 방법은 제가 사과를 정말 좋아하는데, 물에 사과식초를 10:1로 희석해서 마시면서 저의 잠든 미각을 깨워요. 겨울에는 따뜻하게, 여름에는 시원하게 마시면서 6시까지 아침 묵상을 하고 나면, 6시부터 7시까지는 제가 하고 싶은 것을 하는 시간이에요. 그때그때 하고 싶은 일을 하는데, <Achim> 매거진을 준비하는 기간에는 글을 쓰거나, 전날 밤에 읽던 책을 마저 읽는 등 정말 제가 하고 싶은 것을 하면서 1시간을 보내요. 하고 싶은 일은 결국 저를 위한 일이에요. 오늘 아침에는 청소를 했어요. 일어나자마자 청소가 너무 하고 싶었거든요.

하고 싶은 일을 했는데도 아직 7시네요. 그 이후에는 뭘 하세요?

7시부터는 40분 동안 집에서 혼자 요가를 해요. 요가를 집에서 혼자 하기 전에는 요가원을 다니면서 배웠기 때문에 지금은 혼자 하는 게 익숙해요. 혼자 요가를 하는 게 지겨워지거나 다른 동작을 해보고 싶을 때는 요가원을 갈 때도 있어요. 요가를 하고 나면 7시 40분부터 8시까지는 씻고, 출근 준비를 하는데, 8시부터 아침을 먹고, 옷과 가방을 챙겨서 8시 40분쯤 출근해요. 출근하기 전까지의 시간이 저의 아침이에요. 아침을 이렇게 보내고 있어요.

아침 5시 반부터 3시간 동안을 빈틈없이 보내시네요.

생각보다 길지만 할 게 많아서 시간이 정말 빨리 가요.

아침의 소중한 시간이 쌓이다가 〈Achim〉 매거진을 창간하셨는데, 매거진을 만들기 위해서 어떤 노력들을 하셨는지 궁금해요.

〈Achim〉 매거진은 저를 포함한 4명이 같이 하고 있는데, 처음 〈Achim〉 매거진을 만들어야겠다고 생각했을 때 제가 할 수 있는 거는 글을 쓰는 거뿐이었어요. 그리고 〈Achim〉 매거진을 너무 하고 싶다고 생각하다 보니까 주변에 〈Achim〉 매거진에 대해서 계속 말을 했어요. 누군가를 만났을 때 〈Achim〉 매거진을 하고 싶다고 말을 하게 되고, 제가 썼던 글도 보여주고, 어떻게 만들 건지 그림도 그려서 보여줬죠. 제일 처음에 보여줬던 사람은 친언니였어요. 그리고 친한 포토그래퍼 오빠에게도 말을 하면서 퍼트려 나갔는데, 제 얘기를 들었던 사람들 중에서 같이 해볼 수 있을 것 같고, 재밌겠다고 반응을 해준 3명이 지금 저와 함께 〈Achim〉 매거진을 만들고 있어요. 그 3명이 저희 언니와 포토그래퍼 오빠, 인턴 할 때 만났던 디자이너 친구예요. 처음에는 어떻게든 1호만 만들어 봐야겠다는 생각으로 같이 할 사람을 모았어요. 그리고 감사하게 많은 분들이 〈Achim〉 매거진에 관심을 주셔서 2, 3호가 계속해서 나올 수 있었어요. 제가 어떤 것에 빠지면 몰입하는 편인데, <Achim> 매거진에 빠져서 <Achim> 매거진만 생각하고, 그 생각을 놓지 않고 의지를 굽히지 않았던 게 노력이었던 거 같아요.

<Achim> 매거진을 창간하실 때 영향을 많이 받았던 매거진도 있으세요?

딱 집어서 이거라고 할 수 있는 건 없지만 여러 가지가 섞여 있어요. 일단 <GQ>와 <KINFOLK> 매거진을 좋아해요. <CEREAL>과 <MONOCLE> 매거진에서도 영향을 많이 받았어요. 영향을 받은 매거진을 생각했을 때 이런 매거진들이 떠오르고 지금도 정말 좋아해요.

개인적으로 저도 다 좋아하는 매거진이에요. 특히 <CEREAL>은 예전부터 좋아했는데, 한국어판이 나왔을 때 정말 반가웠어요.

<CEREAL CITY GUIDE>도 정말 좋아요. 한국인이 발행하고 있어서 더 반가웠어요. 회사에서 일을 하면서 가끔 매거진 만드는 거에만 집중을 하고 싶다는 생각을 할 때가 있어요. 그럴 때는 <CEREAL> 매거진 채용 공고를 보는데, 어느 날 인턴 모집 글이 올라왔을 때는 정말 흔들렸어요.

많은 분들이 회사 업무에 적지 않은 시간을 이직 검색에 할애하는 거 같아요. <Achim> 매거진의 가장 큰 특징 중의 하나가 판형과 형식인 듯 해요. 이러한 형태도 매거진이 될 수 있다는 것에 많이들 신선해하시는 거 같아요. <Achim> 매거진을 지금의 형태로 만들게 된 이야기를 들려주세요.

매거진이라고 하기에는 페이지가 많은 것도 아니어서 신기해
하시는 분들이 여럿 계시는데, 저는 매거진이라는 단어를 놓지
않고 있어요. 두꺼운 매거진을 봐도 결국에 저에게 남거나 기억
되는 거는 매거진을 보면서 찍은 몇 장의 사진밖에 없다고 생각
하거든요. 편집장의 글이 좋아서 찍은 사진 한 장, 좋은 노래를
추천하는 코너 한 장, 좋은 사진 한 장, 이렇게 모으면 많은 양은
아니지만 매거진을 보고 남는 것들이잖아요. 그렇게 에센스만
모아서 만들어도 충분히 매거진이 될 수 있다고 생각했고, 그
생각이 타블로이드 크기의 종이 한 장의 앞뒤 면에 충분히 담기고
표현된 거 같아요. 그래서 매거진이라고 말씀드리고 있어요.
판형의 경우에는 처음에 고민을 많이 했어요. <Achim> 매거진을
처음 만들 당시인 5년 전에 저는 대학생이었고, 자본도 없어서
제가 할 수 있는 수준에서 고민을 했어요. 그리고 일반적인 형태의
매거진 판형으로는 만들고 싶지 않았어요. 제가 할 수 있는 범위
내에서 큰 사이즈의 매거진을 원했고, 매거진을 신문처럼 접어서
보는 모습을 상상했죠. 접는 형태의 리플릿들도 많이 있잖아요.
접는 방식에 대한 연구를 많이 했어요. <Achim> 매거진은
엄마랑 같이 손으로 직접 다 접고 있어요. 가내수공업이에요. 🐰
독자분들이 아침밥을 먹으면서 <Achim> 매거진을 보고 있으면
'아침에 신문 보는 느낌이다'라는 말씀을 종종해주세요. 이런
반응을 의도한 거는 아니지만, 또 다른 브랜딩이 되는 효과도
있더라고요. 그래서 잘 선택했다고 생각하고 있어요. 🐰

아침에 커피를 마시면서 <Achim> 매거진을 본 적이 있는데,
정말 신문을 보고 있다는 느낌이 들더라고요. 그 느낌이 저를 기분
좋게 만들어주고, 괜히 있어 보였어요. 지금의 내 모습을 누가 좀
봤으면 좋겠다는데 생각도 했죠. 😊 <Achim> 매거진의 추천
플레이리스트까지 같이 들으면서 읽으니까 정말 기분 좋게 아침을
시작할 수 있었어요. <Achim> 매거진이 이슈를 선정하는 과정과
방법에 대해서 말씀해 주세요.

\<Achim\> 매거진에 빠져서
\<Achim\> 매거진만 생각하고
그 생각을 놓지 않고,
의지를 굽히지 않았던 게
노력이었던 거 같아요.

<Achim> 매거진을 4명이 만든다고 말씀드렸는데, 정기 회의 같은 거는 없어요. 각자 살기 바쁘거든요. 필요할 때만 모였다가 흩어지고 나머지는 제가 다 맡아서 해요. 그러다 보니까 주제도 제가 정해요. 예를 들어 9호의 「SHOWER」라는 주제를 생각하게 된 것도 사적인 이유였어요. 샤워를 하다가 문득 「SHOWER」에 대해서 할 말이 많을 거 같아서 주제가 된 거예요. 평소에 주제에 대해서 메모해 놓은 것들이 정말 많아요. 하고 싶은 주제가 있으면 <Achim> 매거진에 비기닝이라는 콘텐츠가 있는데, 비기닝에 들어갈 글을 먼저 적어봐요. 이 주제를 가지고 내가 정말 할 말이 많은지, 아니면 잠깐 꽂힌 건지를 테스트해보는 거죠. 글의 진도가 나가지 않으면 주제로 정하지 않아요. 비기닝 글이 잘 써지고, 하고 싶은 말이 많다고 느껴지면 주제로 정하고 콘텐츠를 구성하기 시작해요. 그렇게 해서 지금까지의 주제들이 나오게 됐어요.

창간호의 주제로 「breakfast」를 했어요. 「breakfast」는 어떻게 보면 아침과 정말 밀접하고 또 다른 의미의 아침이에요. 그래서 콘텐츠를 만들 때도 수월했어요. 가장 어려웠던 건 2호였어요. 1호만 할 생각이었어서 다음 호의 계획은 없었거든요. 그런데 하고 싶다는 생각이 계속 드니까 주제를 뭐로 할지 혼자 고민을 하고 있었는데, 그때 운이 좋게 조언을 주셨던 분이 계세요. 지금까지 <Achim> 매거진을 좋아해 주시는 '홍석우' 패션 저널리스트예요. 그 당시 그분은 <SPECTRUM>이라는 매거진을 매월 발행하고 있었어요. 굉장히 고퀄리티의 매거진인데, 감사하게도 <Achim> 매거진 1호에 인터뷰를 해주셨어요. 인터뷰 막바지에 2, 3호를 만들고 싶은데 주제를 어떻게 해야 될지 모르겠다고 했더니 '생각보다 할 게 많을 거예요'라고 하시는 거예요. 그 말을 듣고 고민을 하다가 시간적인 의미로써 아침을 생각하게 됐어요. 아침이라는 시간에 포함되는 굉장히 많은 것들이 있잖아요. 지금까지 빛, 샤워, 파리, 도쿄 등등의 주제가 있었는데, 세상의 아침은 어디에나 존재하니까 다 대입할 수 있거든요. 아침

이라는 주제의 가능성을 확장해서 생각하게 된 계기가 됐어요.
그 후부터는 거침없이 다양한 것들을 생각하게 된 거 같아요.

특별히 재미있게 작업했던 이슈는 어떤 거예요?

각 호마다 재미있는 포인트들이 달라요. 멤버들과 작업하면서
재미있었던 것도 있고, 인터뷰를 하면서 재미있었던 것도 있어서
구분해서 말씀드릴게요. 멤버들이랑 같이 작업하면서 기억에 남는
거는 「TOKYO」 이슈예요. 멤버들이랑 같이 <Achim> 매거진을
만들면서 고생했으니, 시간을 맞춰서 도쿄로 워크숍을 갔어요.
제가 돈을 쓰는 입장이어서 워크숍을 갔지만 뭔가 결과물을 만들
어야 될 거 같았어요. 그래서 「TOKYO」 이슈를 만들기로 마음
먹었죠. 평소 저희가 <Achim>을 촬영할 때 치밀하게 준비하지는
않아요. 대부분은 다 즉흥적인 것에서 나오거든요. 도쿄에서도
어떤 것을 찍을지 고민하면서 우에노 공원 앞에 있는 과일 가게를
갔는데, 멜론 하나가 한국 멜론과는 다르게 줄무늬가 특이했어요.
그 멜론을 사서 파란 봉투에 담아서 들고 다니면서 촬영을 하고
「TOKYO」 이슈의 주인공도 됐어요. 멜론을 촬영하면서 재미있는
에피소드들이 많아서 SNS에 '멜론의 여행'이라는 콘셉트로 글도
적었어요. 항상 즉흥적이다 보니 이런 에피소드들이 많이 있어요.

또 다른 재미의 포인트는 인터뷰하시는 분들과의 재미예요.
가장 기억에 남는 거는 「SHOWER」 이슈인데, 평소에 '샤워를
어떻게 하세요?', '혹시 샤워 시간은 어떻게 되세요?'라는 질문을
해본 적이 없잖아요. 「SHOWER」라는 주제에 대해서 누가 재미
있게 얘기해 줄 수 있을지 감이 안 오는 거예요. 인터뷰이를 계속
찾았는데 그 당시 <쎄시> 매거진의 피처 기자님이 인스타에 올리
시는 글이 너무 재미있었어요. 그래서 다짜고짜 메시지를 보내서
연락을 드렸죠. <Achim> 매거진을 소개하고 「SHOWER」
라는 주제로 인터뷰하고 싶다고 말씀을 드렸는데, 그분도 다행히

<Achim>을 알고 계셨고, 「SHOWER」 주제도 너무 좋다고 해서 만났어요. 그리고 샤워에 대해서 2시간을 넘게 대화했어요. 생각보다 많은 대화를 해서 담지 못한 내용도 많아요. 「SHOWER」라는 주제가 처음에는 힘든 듯했지만 지금 생각해 보면 재미있는 이슈였어요. 재미있는 요소는 항상 생기고 앞으로도 재미있는 일들이 많을 거 같아요.

「SHOWER」라는 주제가 정말 재밌는 거 같아요. 샤워에 대해서 대화를 해본 적이 없는데, 갑자기 궁금한 것들이 막 생각나요.

샤워에 대해서 대화하면 정말 재미있어요. 어떤 특정한 날에 샤워를 했던 선명한 기억들이 있는 거 같아요. 그분과 인터뷰를 할 때는 남자친구와 헤어진 날에 샤워를 하면서 흐르는 물이 눈물인지 물인지 모르겠다는 시적인 표현들도 해 주셨어요. 정말 재미있었던 기억이에요.

<Achim> 매거진의 발행 주기는 어떻게 되나요?

회사 일의 바쁜 주기를 피해서 발행하는 비정기 간행물이에요. 원래는 1년에 4번 발행하는 정기간행물이라고 소개하다가 지금 비정기 간행물이라고 소개해요.

그 부분이 정말 중요한 거 같아요. 저에게도 <favorite>의 발행 주기를 물어보셔서 처음에는 어떻게 할까 고민을 많이 했어요. 발행 주기가 명확하면 정기 구독도 받을 수 있는 장점이 있는데, 지금 생각해 보면 발행 주기를 정하지 않은 게 정말 다행이라고 생각해요. 넣었으면 큰일 날 뻔했어요. 정기적으로 발행할 자신이 없거든요. 지금은 큰 소리로 비정기 간행물이라고 얘기해요.

정기 구독에 대해서 문의하시는 분들이 많은데, 제가 언제까지 기다리게 할지 몰라서 정중하게 거절하고 있어요.

저희는 생각보다 저희 매거진을 기다리는 사람이 없더라고요.
다음 이슈가 언제 나올지 궁금해하시는 분이 그렇게 많지는 않은
거 같아요.

어떤 분들은 '벌써 나왔어요?'라고 하시는 분도 계세요.
시간은 각자의 속도대로 흐른다는 것을 느껴요.

네 분이 같이 <Achim> 매거진을 만들어 나가고 있으신데,
하나의 호가 만들어지는 과정이 궁금해요. 어떠한 모습과
과정으로 진행이 되는지 알려주세요.

제가 주제를 정하면 팀 메신저 방에 알려줘요. 그리고 다른 분과
협업을 해야 되는 콘텐츠를 먼저 진행해요. 주제에 해당하는
에세이, 인터뷰, 사진, 일러스트 등의 콘텐츠가 다 모이면 디자인
작업으로 잘 정리해서 하나의 매거진을 만들어요. 그래서 편집
디자인이 가장 마지막에 하는 단계예요. 편집 디자인이 완료되면
인쇄를 진행하게 되죠. 주로 평일에는 제가 글을 쓰고, 다 같이
모여서 하는 작업은 주말을 활용해요. 매거진 작업을 최대한 집중
해서 하면 한 달 정도의 시간이 소요되는 거 같아요. 글이 잘 써지
지 않거나, 협업 과정에서 스케줄을 맞추기가 여의치 않을 때도
있는데, 가능하면 한 달을 넘기지 않으려고 해요. 그런데 만약에
북페어에 가져갈 신간이 없으면 팀원들을 쪼으기 시작하죠.
그럴 경우에는 틈새 시간을 잘 활용해서 진행해요.

편집장이 주제를 정해서 공유하면 다른 멤버들은 비교적 따라오는
편인가요? 아니면 잡음이 많나요?

잡음이 많아요. 각자의 역할이 있다 보니까, 제가 말한 주제를
처음에 들었을 때 공감을 못할 수도 있어요. 그런데 막상 작업에 들
어가면 다들 재미있게 해요. 특히 촬영을 할 때는 일이 아닌 예술
작업을 하는 거 같다고 좋아해요. 다들 본업에서는 클라이언트가

있는 일을 하는데, <Achim>의 일은 클라이언트가 없어서 즐기면서 할 수 있거든요. 「NIGHT」 이슈 같은 경우에 촬영 당일까지도 아무런 시안이 없다가, 비주얼을 담당하는 친언니가 달걀과 거품, 비닐을 가지고 마치 꿈처럼 알 수 없는 비주얼을 만들어서 촬영했어요. 저희가 재미있게 작업을 하다 보면 의미의 연결고리가 생기는 거 같아요.

시켜서 하는 게 아니라 하고 싶어서 하는 거니까 재미있고, 의미가 있어야 계속할 수 있는 거 같아요. 지금까지 발행했던 이슈들 중에서 가장 반응이 좋았던 이슈는 어떤 거였어요?

도시 이슈들이 반응이 좋았어요. 「PARIS」와 「TOKYO」 이슈가 반응이 좋은데, 지금은 코로나 때문에 어렵지만, 예전에는 여행 시즌이 되면 꾸준히 나가는 거 같아요. 도시 이슈 같은 경우에는 기능적인 면이 있어요. 각 도시에서 어디를 가면 좋은지 추천하는 콘텐츠를 보려고 구매하시는 거 같아요.

오늘 오신 분들과 같이 <Achim> 매거진의 재미있었던 이슈에 대해서 얘기를 해보면 좋을 거 같아요.

청중 : 지금 정확하게 생각은 안 나지만 예전에 <Achim> 매거진 「MOMMY」 이슈의 글을 읽고 엄청 울었던 적이 있어요. 제 방에 제일 오래 걸어놨던 이슈였어요.

<Achim> 매거진을 만들 때마다 엄마가 항상 도와주니까 「MOMMY」 이슈는 엄마한테 헌정하는 호라고 얘기해요. 그래서 엄마가 좋아하는 사물들로 사진으로 찍었어요.

청중 : 제가 아침이 없어요. 늦게 일어나거든요. <Achim> 매거진에서 재미있게 본 이슈가 「NIGHT」예요. 왜냐면 저는 그냥 제가 일어나는 시간이 아침이거든요. 늦게 일어나기 때문에 밤에 대한

어떤 것을 이야기하고 싶은지가 중요한 거 같아요. 저는 아침에 꽃였던 사람이고, 아침을 콘텐츠로 만드는 데에 거침이 없었어요. 사소하고 아무것도 아닌 거처럼 보이는 거도 콘텐츠가 될 수 있어요.

기억이 더 많아요. 그런데 <Achim> 매거진을 보고 아침에 대한 낭만이 생겼어요. 원래 아침을 싫어하는데 아침에 빨리 일어나고 싶어졌거든요. 오늘도 아침에 좀 일찍 일어났어요.

몇 시에 일어나셨어요?

청중 : 11시요.

11시요?? 아침에 대한 기준은 다 다르니까요.

주변에서 '아침형 인간이세요?'라는 질문을 많이 하세요. 맞긴 한데, <Achim> 매거진을 통해서 아침형 인간이 되시길 바라는 건 아니에요. 저에게 있어서 집중이 되는 시간이 아침인 거뿐이지, 밤이나 새벽, 점심시간이 될 수도 있어요. 시간은 각자에게 맞게 흘러가기 때문에 그 안에서 '나에게 집중하는 시간을 갖자'라는 메시지가 있는 거지, '여러분 아침형 인간이 됩시다'라고 외치는 건 아니에요. 이 부분을 항상 꼭 말씀드리고 싶어요.

<Achim> 매거진이 타블로이드 1장의 형식이다 보니까 지면의 활용이 한정적이어서 좋을 수도 있고, 아쉬울 수도 있을 거 같아요. 지면을 구성할 때 기획은 어느 부분에 중점을 두시는지 궁금해요.

각 호마다 기본적인 콘텐츠 코너 구성은 동일한데, 주제와 메시지를 가장 잘 담고 있는 코너를 최우선으로 지면에 할애해요. 그래서 어떤 호를 보면 인터뷰 글이 길 때도 있고, 짧을 때도 있어요. 블록 맞추기 하는 거처럼 이슈마다 달라요. 하나의 도화지 같은 지면이니까 구획을 나누기 나름이잖아요. 구성 작업을 할 때 갈증이 날 때도 있어요. 그래서 글과 사진에 각각 집중해서 <Achim> 매거진과는 다른 형태의 것을 만들어 보려고 해요. <Achim> 매거진 홈페이지에 저널 코너도 있고, 블로그, 브런치도 있어요. 여기저기 유목을 좀 하고 있는데, 한 곳에 정착을 해서 글에 대한 갈증을

해소할 생각이에요. 항상 하고 싶은 말이 많은 거 같아요. 이미지가 너무 좋은데 어쩔 수 없이 아쉽지만 덜어내야 되는 경우도 있어요. 이미지가 그냥 보기 좋은 건지, 주제를 잘 담고 있어서 보기 좋은 건지에 대해서 다시 한번 생각을 해보게 되고, 아니라는 판단이 들면 가감 없이 덜어내요.

그런 결정을 할 땐 멤버들과 같이 의견을 조율하시나요 아니면 편집장님이 주로 판단을 하시나요?

제가 주로 판단해요. 다른 멤버들의 답까지 듣고 조율할 시간이 없어요. 마지막에 편집 디자인 작업을 하면서 디자이너와 같이 상의를 많이 하는 거 같아요. 작업이 마무리된 결과물은 인쇄하기 전에 다 같이 보는데, 결과에 대한 코멘트는 각자의 시각으로 하다 보니까 의견이 하나로 합일되기가 어려울 수밖에 없는 거 같아요. 저희가 결이 비슷한 사람들이지만 장착한 렌즈는 다르거든요. 그래서 제가 결정하지 않으면 완성하기가 힘들어요.

아침에 주로 어떤 음악을 들으세요?

아침에는 가사가 없는 노래가 좋아서 클래식을 많이 들어요. 오늘 아침에는 청소를 하면서 '드뷔시' 음악을 들었어요. 밤에는 가사가 있는 노래를 많이 듣는 거 같아요. 가끔 눈 뜨자마자 멜로디만 생각 나는 날도 있어요. 그러면 노래 제목도 생각이 안 나고 검색도 할 수가 없어서 생각하고 찾아보다가 아침이 다 갈 때도 있어요.

아침 식사는 주로 어떤 메뉴를 드세요?

아침 식사는 요가를 하고 나서 8시에 하는데, 항상 사과와 시리얼을 먹어요. 시리얼 같은 경우는 매번 다른데 저만의 제조 공식 같은 게 있어요. 베이스로 시리얼을 깔고 그래놀라나 뮤즐리를 올려서 믹스를 하고 여기에 우유나 두유, 요거트 등을 섞어서 먹어요.

위 상태나 기분에 맞게 아침을 준비해서 먹는 거 같아요. 간편식인데 노력을 기울이다 보면 간편식이 아닌 거 같고 그래요.

전혀 간편하지 않은 거 같아요. 😊 <Achim> 매거진에 레시피 코너도 항상 들어가는데, 먹는 거에 대한 관심이 12호의 주제 「EAT」로 이어진 거 같아요.

저는 먹는 거를 중요하게 생각하는 사람이어서 「EAT」 이슈의 비기닝 레터를 써 내려갈 때 할 얘기가 많았어요. 사람마다 먹는 행위가 다르고, 습관과 의미도 다른데, 가능하면 의식 있는 식사를 하고 싶어요. 라면을 먹더라도 어떤 라면이고, 어떤 맛인지를 느끼면서 식사를 하려고 하는 사람이에요. 그래서 「EAT」라는 주제를 하게 됐어요.

아침을 먹는 동안 클래식 음악도 계속 흐르고 있는 거죠?

아침에 일어나서 하고 싶은 것을 하는 1시간 동안만 클래식을 듣고 요가를 하고 나서는 팟캐스트를 들어요. 팟캐스트를 들으면서 조금 분주한 분위기 안에서 출근을 하는 게 자연스럽더라고요.

<Achim> 매거진을 발행하시면서 힘든 점들도 많고, 어려움을 극복했던 순간들도 많았을 거 같아요.

의지를 이어가는 게 중요해요. 의지를 가지고 같이 만들어가는 과정에서 어려운 것들은 다 해결할 수 있는 문제라고 생각해요. 다행히 저와 <Achim> 매거진의 관계가 항상 1순위로 맞닿아 있기 때문에 의지는 항상 약해지지 않는 거 같아요. 다이어리에 '<Achim> 매거진 비즈니스 어떻게 해보기' 등과 같이 새로운 가능성 등에 대해서 계속 쓰고 있어요. 그런데 회사의 중요한 일을 해결하기 위해서 집중하다 보면, 퇴근 후에 제가 적은 다이어리의

문장을 보면서 '못했네'라는 순간을 마주하게 돼요. 미션을 수행해서 줄을 긋지 못한 게 괴롭긴 하지만 의지가 꺾이지는 않아요. 같은 문장을 완료하지 못해서 다음 페이지에 계속 적어 나가다 보면 어느 날 밑줄 긋는 날이 있더라고요.

모든 것을 결정하는 데 있어서 기준이 <Achim> 매거진인데, 지금 제가 하는 일과 경험이 <Achim> 매거진에 도움이 될지를 기준으로 바라봐요. 지금 다니는 회사가 초창기에는 작은 규모의 스타트업이었어요. 그때 <Achim> 매거진도 같이 시작을 했죠. 작은 회사에서 소수의 인원으로 으쌰으쌰해서 일하는 에너지를 경험하면서 <Achim> 매거진에서도 4명의 멤버들과 같이 으쌰으쌰했던 거 같아요. 회사가 커지면서 수익 창출에 대한 고민을 할 때, <Achim> 매거진을 가지고 어떻게 수익을 낼 수 있을까에 대해서 같이 고민을 했어요. 회사와 <Achim>이 연결돼서 같이 움직이고 있어요. 근데 이 밸런스가 깨질 경우에는 <Achim> 매거진을 중심으로 회사에 대해서 고민을 하게 돼요. 회사에서 하고 있는 일이 <Achim> 매거진을 통해서 나중에 하게 될 경험이라고 생각하거든요. 지금 회사에서 경험하는 시간이 언젠가는 <Achim>에 도움이 될 거라는 것에 대해서 확신이 있기 때문에 회사 일을 열심히 하는 거 같아요. 만약에 충분히 도움이 되지 않는 거 같다는 느낌이 오면 검증하는 시간을 가져요. 가까운 사람에게 고민을 얘기하기도 하고, 방해요소가 있으면 해결하면서 <Achim>과 회사의 밸런스를 맞춰서 일하는 것을 추구해요.

회사를 떠나서 <Achim> 매거진에 온전히 집중해서 일을 하고 싶다는 생각도 있으세요?

그런 생각을 2년 전부터 했어요. 주변에서 '<Achim>으로 카페 해보면 좋을 거 같은데', '<Achim>으로 에어비앤비를 만들어봐' 등의 이야기를 듣는데 그럴 때 고민이 돼요. 근데 아직은 온전한 타이밍이 안 온 거 같아요. 아직 저 스스로 확신이 있지 않거든요.
지금 회사에서 새로운 브랜드를 만드는 일을 담당하고 있는데,
마진에 대한 고민을 많이 해요. 예전에는 '마진'이라는 것을 생각
하면서 일을 해본 적이 없었어요. <Achim> 매거진은 마진에
대한 계산을 전혀 안 했거든요. 만드는 비용 대비 매거진의 가격이
얼마여야 하고, 나는 얼마를 가져가야 하는지에 대한 계산이 전혀
없었죠. <Achim> 매거진을 처음 만들었을 때 친구들에게 보여
주면서 '이거 얼마면 살 거 같아?'라고 물었는데, 다들 3천 원, 5천
원, 7천 원 등으로 다 달랐어요. 그렇게 물어보면서 가격을
결정했어요. 인건비는 아예 따지지도 않았죠. 모든 요소를 다 고려
하게 되면 지금의 가격은 말도 안 되는 거예요. 회사에서 활용하는
마진의 공식을 <Achim> 매거진에 대입을 해보니 정말 엉망인 거
예요. 이런 상황에서 가방이나 컵과 같은 굿즈도 만들었는데
어떻게 만들었고, 마이너스가 되지 않은 게 신기해요.
앞으로 뭔가를 할 때는 마진을 꼭 생각하려고 해요. 회사의 경험
덕분에 사고방식을 바꾸게 됐어요. 비즈니스에 자신감이 생기면
확신을 가지고 <Achim>에 온전히 집중하겠다는 공지를 할 거고,
그때는 제가 준비가 됐다고 생각하시면 될 거 같아요. 아직은 준비
과정에 있어요.

<Achim> 매거진의 이슈가 늘어날수록 계속해서 유지되면서
진해지는 부분이 있을 거고, 계속해서 변화를 시도하는 부분도
있을 거 같아요.

의도한 거는 아닌데 모든 이슈의 코너들이 똑같아요. 코너에 대한
개편을 하고 싶은데 못한 게 아쉽지만, <Achim>의 캐릭터가 된
거 같아요. 코너를 유지하는 게 효율적이어서 계속 유지를 했는데
개편을 하고 싶어요. 변하지 않지만 변하고 싶은 상황이에요.
시간 투자가 굉장히 절실해요. 비즈니스적인 아이디어를 얻기
위해서 회사에 집중을 하고 있지만, 회사 일이 저를 지치게 하는

매거진이라고 하기에는 페이지가 많은 것도 아니어서 신기해하시는 분들이 여럿 계시는데, 저는 매거진이라는 단어를 놓지 않고 있어요. 두꺼운 매거진을 봐도 결국에 저에게 남거나 기억되는 거는 매거진을 보면서 찍은 몇 장의 사진밖에 없다고 생각하거든요.

날이 오면 <Achim> 매거진에서 해야 하는 일이 항상 생각나요.
<Achim> 매거진을 '왜 해야 하는가', '왜 만들어졌는가'를 상기
하면서 <Achim> 매거진에 담아서 전달하려고 하는 메시지는
변하지 않을 거예요. <Achim> 매거진은 계속 발행하면서 표현
하는 방식은 고차원으로 다원화됐으면 좋겠어요. 평면에 존재하는
콘텐츠가 입체적으로 구현되는 경험들을 제공해서 독자분들께
신선함을 드리고 싶어요. <Achim> 매거진의 플레이리스트를
들으면서 매거진을 보고, 만지고, 대화하는 것들이 입체적인 경험
이라고 생각해요. 다양한 것들을 계속해보고 싶어요.

힘들지만 <Achim> 매거진을 만들기 참 잘했다고 느꼈던 순간은 언제였어요?

오늘 같은 날도 그런 순간이에요. <Achim> 매거진에 관심을
가지고 항상 찾아와 주시는 분들이 계시는데, 그런 분들을 만나면
<Achim>이 '나 혼자만의 것의 아니었구나'라는 것을 느껴요.
정말 사적이고 개인적인 얘기를 담은 편집물인데, 많은 분들이
공감해 주시는 모습을 보면 서로 다 비슷한 삶을 살고 있다는 것을
느껴요. 오늘 같은 만남이나 계속되는 주문을 보면 뭔가 울림이
오는 거 같아요. 만들기 잘했다고 느끼는 순간이 특별한 거는 아닌
거 같아요.

**요즘 다양한 매거진들이 많이 나오고, 매거진에 관심을 가지는
분들도 많아졌어요. 더 나아가서 매거진을 만들고 싶어 하시는
분들도 많이 계시는데, 그런 분들이 어떤 노력을 하면 좋을까요?**

어떤 것을 이야기하고 싶은지가 중요한 거 같아요. 저는 아침에
꽂혔던 사람이고, 아침을 콘텐츠로 만드는 데에 거침이 없었어요.
진짜 사소하고 아무것도 아닌 거처럼 보이는 거도 콘텐츠가 될 수
있어요. 그리고 매거진으로 만들고 싶은 콘텐츠가 1년, 2년 또는

10호까지 '계속해서 만들 수 있는 콘텐츠인가?', '정말 이만큼
하고 싶은 건가?'에 대해서 생각해 보는 시간이 있으면 좋을 거
같아요. 콘텐츠에 대한 확신이 생기면 본인이 평소에 어떤 것에
집중을 하는지 살펴보세요. <Achim> 매거진의 코너들을 봤을 때
제가 매거진 한 권을 읽는 과정과 비슷하더라고요. 저는 편집장의
글부터 제일 먼저 읽어요. 그리고 페이지를 넘기다가 음악 추천
코너에서 음악을 들어봐요. 이런 흐름이 <Achim> 매거진에 적용
됐더라고요. 화보들도 찢어서 붙였던 것들이 <Achim> 매거진을
포스터로 활용할 수 있는 모습과 연결됐어요. 확신이 오는 주제가
있으면 내가 관심 있고 좋아하는 것과 구성, 형식이 하나로 연결
되는 거 같아요.

본인 스스로 뭔가에 꽂히는 게 있어야겠네요.

꽂힌다는 게 뭔가 특별한 거는 아닌 거 같아요. 아침이라는 것도
누구에게나 있듯이.

앞으로 <Achim> 매거진 관련한 계획도 들려주세요.

<Achim>을 저의 일로써 오랫동안 돈을 벌면서 해보고 싶다는
생각을 하고 있어요. 회사에서 자양분이 되는 경험들을 잘 해보고,
너무 늦지 않게 본격적으로 <Achim>에 집중하려고 하는데
어떻게 될지는 모르겠어요. 생각하고 있는 몇 개의 아이템들이
있긴 한데, 그거는 지금 트렌드에 인기 있는 아이템을 그냥
<Achim> 매거진의 버전으로 생각했던 것뿐이더라고요. 일단은
매거진의 콘텐츠부터 재정비해서 제대로 다시 시작하고 싶어요.
지금까지 이어져온 코너들이 소중하지만 다른 모습으로도 표현해
보고 싶어요. 콘텐츠를 재정리한 뒤에는 다양한 가능성을 보면서
새로운 것을 시작할 거 같아요. 가끔 회사나 브랜드에서 콘텐츠를
제작해 달라는 문의가 와요. 그리고 정말 감사하게도 저희 멤버들

각자의 능력이 있어서 에이전시 형태로 움직일 수 있더라고요.
이런 경험을 한 번 해본 적이 있는데, 각자 다 쓸모가 있었어요.
저희들의 장점을 다 모았을 때 콘텐츠 정리와 또 다른 누군가를
위한 콘텐츠 제작이 가능할 거 같아서 최대한 가능성을 열어 두고
앞으로를 준비해 보려고 해요.

**청중 : 인쇄 과정이 궁금하고 종이 재질이나 사이즈 등에 대해서도
구체적으로 알고 싶어요.**

종이는 「문켄」이라는 수입지를 쓰고 있는데 만져보면 거칠어요.
처음에 저도 매거진을 제작하는 것에 대해서는 문외한이었는데,
다행히 디자이너 친구는 경험이 많았어요. 충무로에 가면 종이를
파는 지류사들이 많은데, 직접 가서 종이를 다 만져봤어요. 「문켄」
지가 느낌이 좋았고, 신문의 느낌을 내고 싶어서 얇은 평량으로
했어요. 「문켄」 80g을 선택해서 인쇄를 시작했는데, 이 종이가
사진을 담기에 좋은 종이는 아니에요. 인쇄소에서도 불평이 많은
게 사진이 잘 나오는 종이가 아닌데, 왜 사진이 잘 나오게 해달라고
하냐고 하세요. 그래서 인쇄 감리를 보러 가면 항상 미묘한 신경
전이 항상 있어요. 판형은 600x420mm예요. <Achim>
매거진 한 칸이 엽서 사이즈예요. 포장지는 여행을 갔을 때 쿠키가
담겨있는 포장지의 바스락거리는 느낌이 너무 좋아서 동일한 느낌
으로 <Achim> 매거진을 담고 싶어서 방산 시장에서 찾아봤는데
마음에 드는 게 없었어요. 제작을 하려고도 알아봤는데 너무 많이
만들어야 되더라고요. 그래서 포장지는 해외에서 구매해서 배송받
아서 사용하고 있어요.

**청중 : 1호가 나왔을 때의 과정이 궁금해요. 처음 만들 때 마음에
들지 않는 부분도 많았을 거 같은데, 그런 것들을 극복하고 포맷을
처음 잡았을 때 어떤 과정을 지나왔는지 궁금해요.**

원래 <Achim> 매거진의 이름이 「Breakfast」였어요. 「Breakfast」라는 이름으로 커버 디자인까지 했는데 마음에 안 드는 거예요. 그래서 어떻게 해야 될지 고민하던 중에 낙서를 하다가 아침을 소리 나는 대로 영어로 적었더니 괜찮더라고요. 그래서 <Achim> 매거진이 만들어졌어요. 처음에 제가 세웠던 계획이 있었으나 현실로 구현하면서 눈으로 보니 마음에 들지 않았고, 다른 거를 적용해보니 마음에 든 거죠. 이런 과정이 있어서 1호를 만드는 기간이 예상했던 거보다 훨씬 더 길었어요. 코너도 처음에는 일단 해보고 싶은 것들을 다 적어서 나열했어요. 나열한 콘텐츠를 보면서 과연 해볼 수 있을지를 테스트하면서 작업 했어요. 작업을 할 수 있을 거 같아서 호기롭게 시작을 했다가 진행을 하지 못한 경우도 많아요. 모르는 것을 아는 거처럼 얘기 하는 것은 금방 들통난다고 생각해서 그런 주제나 코너들은 다 내려놨어요. 제대로 얘기할 수 있는 것들만 뽑다 보니까 첫 호를 만드는 데 시간이 오래 걸린 거 같아요.

청중 : 블로그나, 브런치 등과 같은 플랫폼을 활용하고 계시던 상황에서 오프라인으로 <Achim> 매거진의 콘텐츠를 보여주시게 된 이유가 있으세요?

오프라인으로 오면 감각이 확장되는 거 같아요. 온라인으로 보는 것과 종이로 보는 것은 다르다고 생각해요. 온라인은 확산이 빠르기 때문에 많은 분들에게 전달될 수 있지만 강렬하게 남지는 않는 거 같아요. 그런데 오프라인은 여러 감각을 통해서 흡수를 깊게 할 수 있어요. <Achim> 매거진의 종이 촉감에 대해서 얘기 할 수도 있고, <Achim> 매거진의 플레이리스트를 들으면서 매거진을 볼 수도 있어요. 온라인과 오프라인의 매력 차이가 정말 커요. 그래서 저는 만질 수 있는 물성의 종이 매거진을 만들기 잘했다고 생각해요.

청중 : <Achim> 매거진을 지속적으로 발행하기 위해서는 마이너스가 되지 않는 게 중요하잖아요. 그렇게 되지 않기 위해서 많은 노력을 하셨을 거 같아요.

구체적으로 말씀드리면 백만 원으로 시작했어요. 백만 원으로 충분히 할 수 있을 거라고 생각했거든요. 그리고 첫 호를 만드는데 정말 백만 원 정도 들었어요. 그런데 백만 원을 다 거두어들이지는 못했어요. 처음에는 마이너스로 시작을 했지만, 굿즈를 만들고 팔면서 마이너스에서 영점으로 점점 올라와서 다음 호의 제작비를 마련할 수 있었어요. 지금도 여전히 이 수준 안에서 돌아가고 있죠. 그리고 북페어에 참가하게 되면 조금 더 따뜻한 연말을 보낼 수 있어요. 1년을 제작과 판매로 열심히 보내고 나면 연말에 다음 호 매거진을 만들 비용을 제외하고 남은 금액을 멤버들과 같이 1/N로 나눠요. 저의 몫으로는 세금을 내요. 지금까지의 흐름은 이랬어요.

청중 : 좋은 사진의 기준은 뭐라고 생각하세요?

계속 봐도 질리지 않는 거요. 저는 그게 좋은 사진인 거 같아요.

청중 : 몇 번을 보셨을 때 질리지 않는다고 느끼세요?

글쎄요. 상황마다 다를 거 같은데, 제가 질리지 않는다고 말씀드린 거는 언제 봐도 질리지 않는 거고, 그거는 계속을 의미해요. 실제로 그런 사진들이 저에게 있어요. 좋은 사진을 2-3년 뒤에 다시 봤을 때 여전히 좋다고 느낄 때가 있어요. 그런 사진은 좋은 사진인 거 같아요.

청중 : 북페어 참가 외에 다른 홍보나 마케팅 활동을 하시는 게 있으세요?

인스타그램 외에 특별히 다른 홍보를 하는 것은 없어요. 멤버들 각자의 개인 계정과 활동이 또 다른 홍보 채널이 되기도 해요. 원래는 모든 <Achim> 매거진의 소식을 블로그에 부지런히 갖다 날랐는데 요즘은 못하고 있어요. 요즘은 회사 일에 집중을 많이 하고 있는 시기여서 그런지 블로그에 일 얘기만 쓰고 있어요. 오늘처럼 토크 행사를 하는 기회가 생기면 행사를 주체하는 곳의 채널이 그 시기에 마케팅 채널이 되는 거 같아요. 행사나 페어의 경우 저희 색을 잘 가져갈 수 있는지를 중요하게 생각해서 판단해요. 우리의 색을 진하게 하는지 흐리게 하는지에 대해서 고민을 해서 진행해요.

청중 : 제가 <Achim> 매거진의 팬이어서 모든 이슈를 다 가지고 있는데, 유일하게 없는 이슈가 있어요. 「MOMMY」 이슈인데, 예전에 「도시서점」이라는 곳에서 처음 읽으면서 울었던 적이 있어요. 그런데 구매하는 타이밍을 놓쳐서 구하지 못했는데, 혹시 지금이라도 구매할 수 있을까요?

있긴 한데, 종이로 만들어지다 보니까 약간 하자가 있는 B급인데 그거도 괜찮으실까요?

청중 : 네, 원해요!

네, 그러면 저에게 따로 연락을 주시면 챙겨서 보내드릴게요.

축하드립니다.

평면에 존재하는

콘텐츠가 입체적으로

구현되는 경험들을

제공해서

독자분들께 신선함을

드리고 싶어요.

한 곳의 매거진에 하나의 영화에 대해서 다양한 사람들의 목소리를 담고 싶었어요. 그래서 〈PRISM OF〉 뒤에 영화 제목이 항상 들어가요. 영화에 대한 다양한 프리즘을 담겠다는 의미가 있어요.

One movie in one magazine

PRISM OF vol.15 중경상림

PRISM OF

한 호에 하나의 영화를 다루는 영화 매거진 〈PRISM OF〉와의 대화

〈favorite〉 김남우　　〈PRISM OF〉 유진선

날짜 : 2020년 5월 16일 토요일 / 시간 : 오후 3시부터 5시까지
장소 : 을지로 ffavorite / 참여 : 청중 16명
대화 : 〈PRISM OF〉 유진선 & 〈favorite〉 김남우
· QR 코드를 스캔하시면 대화 영상 일부를 보실 수 있습니다.

INSTAGRAM : @prismof_magazine
HOMEPAGE : movies-matter.com

김남우(이하 없음) 반갑습니다.

유진선(이하 없음) 네. 반갑습니다. 저는 영화 잡지 〈PRISM OF〉 편집장이자 발행인을 맡고 있는데, 결국 그냥 제가 다 혼자 하고 있는 '유진선' 이라고 합니다.

지금 1인 출판이신 거죠?

14호부터 1인 출판을 하고 있어요.

1인 출판이면 〈PRISM OF〉 매거진과 관련된 모든 것들을 온전히 혼자서 하시는 건가요?

운영은 혼자 하지만 외부 필진분들께 글을 받고, 디자인 스튜디오와 협업하는 형태로 일하고 있어요.

〈PRISM OF〉 매거진의 발행 주기는 어떻게 돼요?

계간지로 1년에 4권을 발행하고 있어요.

처음부터 계간으로 발행하셨어요?

아니요. 처음에는 비정기로 시작했다가 4호부터 7호까지 격월로 진행했는데, 격월은 말이 안 된다는 것을 알았어요. 그래서 계간으로 발행하고 있어요.

정기 발행을 하는 게 부담스러울 수도 있을 거 같아요. 저희는 처음에 정기적으로 발행을 할까 고민하다가 결국은 비정기로 발행하고 있어요. 정기적으로 발행할 자신이 없거든요. 어떻게 비정기로 하시다가 정기로 발행하시게 되신 거예요?

처음에는 정기로 발행하려다가 비정기로 발행한 거예요. 〈PRISM OF〉를 처음 기획할 때는 잡지사에서 일했던 적도 없어서 잡지에 대해서 정말 아무것도 모르고, 아무 경험도 없이 시작을 했어요. 창간호를 발행한 뒤에 「유어마인드」에 직접 입고하러 갔었는데 「유어마인드」 '이로' 대표님이 〈PRISM OF〉가 정기 발행인지, 비정기 발행인지 물어보시는 거예요. 그래서 제가 대뜸 '정기로 발행하려고요'라고 했더니 '비정기로 발행하시는 게 나으실 텐데요'라고 조언을 주셨어요. 그래서 비정기 발행을 했는데, 정기 발행에 대한 로망이 계속 있었어요. 매거진을 소개할 때 '격월 〈PRISMOF〉' 또는 '계간 〈PRISM OF〉'라고 얘기할 수 있는 타이틀이 있으면 좋겠다고 생각했거든요. 3호까지 발행한 뒤에 〈PRISM OF〉가 계속 발행해도 되는 매거진이라는 것에 확신이 들어서 4호부터는 격월로 발행했어요. 그때 기대치가 너무 높았던 거 같아요. 격월로 만들 수 있을 거라는 자신을 가지고 시작했는데 너무 힘들었거든요. 그래서 8호부터는 개편을 해서 계간으로 변경했어요.

〈PRISM OF〉를 창간하게 된 계기와 창간을 하기 위해서 어떤 노력을 하셨는지 궁금해요.

원래는 영화 배급사에서 일을 하고 싶었어요. 지금 하는 일과도 비슷한 맥락인데, 좋아하는 콘텐츠를 다른 사람들에게 소개하는 것을 좋아해서 콘텐츠를 기획하는 역할을 하고 싶었거든요. 영화 업계에 대한 정보가 전혀 없는 상태에서 대학교 3학년 때 무작정 휴학을 하고 영화사 인턴에 지원했는데 떨어진 거예요. 떨어진 이유를 생각해 보니 이력서에 아무것도 없어서 떨어진 거 같았어요. 회사에서 나를 써 주지 않으니 내가 나를 써서 이력서에 추가할 수 있는 이력을 만들어야겠다고 생각하고 시작한 게 상영회였어요. 독립 단편 영화 상영회로 시작을 해서 1년 정도 진행하니까 상영회 규모가 조금씩 커지더라고요. 14년부터 15년까지 상영회를 진행했는데, 한 번의 상영회를 진행하기 위해서 3개월을 준비하면 상영회는 3시간 안에 끝나는 거예요. 3개월간 준비했던 것들이 3시간 안에 끝나는 게 아쉬워서 휘발되지 않는 형태로 남기고 싶었어요. 휘발되지 않는 형태에 대해서 고민을 해 보니 접근하기 쉬운 형태가 종이에 기록을 하는 거였죠. 제가 만약에 개발이나 웹과 관련된 능력이 있었다면 종이가 아닌 다른 형태로 기록을 했겠지만, 그렇지 않기 때문에 종이가 제일 하기 쉬운 형태였어요. 종이에 기록하는 것을 주기적으로 하면 어느 매체가 되는지 생각해 보니 매거진이더라고요. 그래서 매거진을 기획하게 됐죠. 〈PRISM OF〉 창간호를 발행하기 위해서 9개월 정도 기획을 했고, 3개월 만에 절판됐어요.

휘발되지 않는 형태에 대해서 고민을 해 보니 접근하기 쉬운 형태가 종이에 기록을 하는 거였어요.

〈PRISM OF〉 창간호가 나왔을 시기에는 독립 출판문화가 활성화 되기 이전 아닌가요?

그때도 독립 출판이 활성화됐다고 얘기하던 시절이었어요. '독립 출판 붐이다', '만들고 싶은 책을 직접 출판한다'와 같은 얘기를 자주 들을 수 있었고, 독립 출판 강연도 조금씩 생기기 시작할 때였는데, 확실히 지금이랑은 분위기가 다르긴 했어요. 〈PRISM OF〉를 기획할 때 독립 출판의 시장을 인지하고 시작한 건 아니었어요. 매거진과 관련된 활동을 하려고 보니까 이런 거는 독립출판이라고 한다는 얘기를 들었죠. 그래서 〈PRISM OF〉를 처음 시작할 때는 혼란스러웠어요. 우리가 추구하는 콘텐츠가 기성 매거진인 건지, 아니면 우리 자본으로 만들면 독립출판인 건지, 이런 개념이 확실하지 않으니까 고민을 많이 하면서 만들었어요. 그때는 독립이라는 개념이 혼재 되어서 인식되던 시기인 거 같아요.

매거진 판매는 지금처럼 독립 서점들 위주로 판매를 하셨나요?

네. 그때도 독립서점들이 많이 있었고, 많이 없어지기도 했죠.

오늘 토크 행사에 참석하신 분들이 신청하시게 된 계기와 〈PRISM OF〉 편집장님에게 듣고 싶은 이야기, 하고 있는 일에 대해서 얘기 나누면 좋을 거 같아요.

좋아요. 제 왼쪽에 계신 분부터 이야기를 들어 볼까요?

아니요. 첫 번째는 항상 정해져 있어요. 오늘 제일 늦으신 분이 항상 첫 번째로 말씀하셔야 돼요. 😊

아. 룰이 있구나. 🐰

청중 : 일단 늦어서 정말 죄송합니다. 저는 매거진을 만드는 에디터로 일을 하고 있어요. 개인적으로 〈PRISM OF〉에 관심이 많아서 즐겨 보고 있는 팬이고요. 제가 직접 편집장님을 만나 뵌 적이 없었는데, 「ffavorite」이라는 좋은 공간에서 만날 수 있는 자리가 있고 작업 과정에 대한 얘기를 들으면 공감하거나 배울 수 있는 부분이 많을 거 같아서 참석을 하게 됐어요. 궁금한 거는 제작 과정의 프로세스와 발행부터 홍보까지 어떻게 진행을 하시는지에 대해서 말씀해 주시면 정말 뜻깊은 자리가 될 거 같아요.

청중 : 저도 늦어서 정말 죄송해요. 저는 영상작가 지망생이고 영화 대본을 많이 쓰고 있어요. 〈PRISM OF〉는 친구에게 선물 받아서 알게 됐는데 제가 좋아하는 영화를 많이 다루시더라고요. 영화에 대한 다양한 이야기들이 많이 있는 것을 보고 좋아하는 영화의 이슈를 즐겨 보다가 오늘 을지로 「ffavorite」에서 〈PRISM OF〉 토크 행사가 있다는 얘기를 들어서 오게 됐어요.

청중 : 영화를 좋아하는 대학생이에요. 경영학을 전공하고 있는데 영화 산업 쪽에서 일을 하고 싶어요. 요즘 문화 예술을 좋아하는 사람들과 같이 다양한 프로젝트를 하고 있는데, 프로젝트 중에 하나로 매거진을 발행해보고 싶어서 오게 됐어요. 2018년도에 독립 출판 페어를 가서 처음 〈PRISM OF〉를 보고 팬이 됐거든요. 기존에 영화를 다루는 매거진은 주로 비평 위주여서 〈PRISM OF〉처럼 다양한 관점으로 새롭게 해석하는 매거진이 없었어요. 〈PRISM OF〉를 보고 '와 이런 게 있었구나'라는 생각을 하게 되면서 확 빠졌죠.

오늘 〈PRISM OF〉 팬분들이 많이 오실 거 같아서 네임펜을 얇은 거부터 굵은 거까지 준비했어요. 가실 때 편집장님께 꼭 사인 받으세요.

청중 : 오늘 사인받으려고 〈PRISM OF〉 1호도 가져왔어요.

정말요? 1호 이제 정말 없어서 구하기 어려우셨을 텐데.

청중 : 정말 어렵게 구했어요.

지금은 중고나라에서만 구할 수 있더라고요. 중고나라에서 1호를 3만 원에 파시는 분도 있어요.

정말요? 오늘 오신 분 1호에 편집장님 사인받아서 더 비싼 가격에 파시려고 하는 건 아니죠? 다른 분의 이야기도 계속해서 들어 볼게요.

청중 : 저는 매거진 〈아는동네〉에서 에디터로 활동하고 있고 오늘 같이 일하는 에디터들이랑 같이 왔어요. 〈PRISM OF〉가 1인 출판을 하신다고 하셨는데, 저희는 에디터가 총 4명인데도 매거진을 정말 허덕이면서 만들거든요. 1인 출판을 하시면서 다양한 관점을 얻어 내기가 쉽지 않으실 텐데, 그런 것들을 어떻게 얻어 내시는지 너무 궁금해요. 그리고 저는 창작자로서 쉬면서도 무언가 계속 영감을 얻을 수 있는 것들을 찾아보게 되는데, 편집장님은 어떤 것들을 찾아보시고, 어떻게 쉬시는지도 궁금해요.

청중 : 〈PRISM OF〉 팬인 의류학과 대학생이에요. 〈PRISM OF〉는 최근에 《라라랜드(데이미언 셔젤. 2016)》를 이슈로 다룬 것을 보고 처음 접했어요. 《라라랜드》는 좋아하는 영화이기도 하고, 영화를 볼 때 과몰입을 하는 편인데, 매거진 내용 중에 영화에 과몰입을 하게 되는 이유에 대해서 자세하게 설명해 주는 내용이 흥미로워서 오늘 행사에 참석하게 됐어요.

청중 : 〈아는동네〉라는 잡지를 만들고 있는 에디터예요. 출판이나 매거진을 만드는 작업에 대해서 많이 궁금하고, 이번에 나온 이슈가 고전 영화 《티파니에서 아침을(블레이크 에드워즈. 1961)》이에요.

지금까지 다루지 않으셨던 고전 영화를 보시면서 상대적으로 어떻게 재해석을 하셨는지와 편집장님의 영화 취향, 영화를 보실 때 어떤 부분을 집중해서 보시는지에 대해서 궁금해요.

청중 : 영화 쪽에서 일을 하고 있어요. 원래는 영화 기자가 되고 싶어서 꿈을 꾸다가 자연스럽게 영화에 관심을 가지게 됐어요. 영화를 보고 읽는 게 취미여서 자연스럽게 〈PRISM OF〉를 알게 되었는데, 매거진 제작과 관련된 이야기를 듣고 싶어요. 개인적으로 궁금한 거는 이전에 다뤘던 영화들과 달리 이번 이슈로 고전 영화를 고르신 이유에 대해서 들어보고 싶어서 이 자리에 오게 됐어요.

청중 : 친구를 따라왔는데 지금 대학생이에요. 〈PRISM OF〉도 같이 온 친구를 통해서 알게 됐는데. 한 매거진에 하나의 영화만 다루는 게 신기하고 재미있다고 생각해서 관심을 가지고 보게 됐어요. 그리고 편집장님께 〈PRISM OF〉에서 다뤄 주셨으면 하는 영화도 말씀드리고 싶어요. 영화 보는 것을 좋아하는데 저는 깊게 보지는 못해요. 시간을 때우기 위해서 보는 영화도 있긴 한데, 그렇게 봤던 영화들을 〈PRISM OF〉에서 심도 있게 다뤄준 글을 읽으면 조금 더 기억에 남는 거 같아요. 오늘 얘기를 들으면 더 많은 것들을 알 수 있을 거 같아서 참여하게 됐어요.

청중 : 기존 영화 잡지는 여러 영화를 잡지 한 권에 담는데, 하나의 영화를 한 권의 잡지에서 심도 있게 다루고 있는 모습이 독특하다고 생각했어요. 저도 계간지를 한 번 만들어 보고 싶고, 1인 출판에 대한 얘기도 궁금해서 오게 됐어요.

제일 많이 궁금해하시는 게 '혼자 어떻게 만드냐?'인 거 같은데, 창간하실 때부터 혼자 하셨어요?

처음에는 인하우스 에디터와 디자이너도 있었어요. 비정기에서 격월로, 격월에서 계간으로 변화하면서 인원 구성이 조금씩 달라졌고요. 〈PRISM OF〉의 아이덴티티가 바뀔 때마다 작업 체계가 바뀌면서 지금은 저 혼자 진행하고 있어요. 10호 《라라랜드》가 〈PRISM OF〉의 가장 큰 변화와 개편이 있었던 시기였어요. 그때부터 다양한 외부 필진을 섭외하고 디자인 스튜디오와 협업하는 시스템으로 작업을 이어 나가고 있습니다.

〈PRISM OF〉 이름에는 어떤 의미가 있나요?

이 질문을 받을 때마다 아이돌 소개하듯이 대본처럼 외워서 하는 말이 있어요. 〈PRISM OF〉란 PRISM이라는 명사와 OF라는 전치사를 합성해서 만든 이름이에요. 〈PRISM OF〉 뒤에 아무 단어나 넣어도 말이 될 수 있도록 만들었죠. 〈PRISM OF〉 뒤에 내 이름을 넣으면 나의 프리즘이 되는 거고, 영화 제목을 넣으면 그 영화의 프리즘이 되는 거예요. 표지에서는 〈PRISM OF〉 뒤에 영화 제목이 항상 들어가기 때문에 이 영화에 대한 다양한 프리즘을 담겠다는 의미가 있어요.

많은 분들이 궁금해하시는 게 하나의 영화를 하나의 매거진에 담는 지점인 거 같아요. 처음 〈PRISM OF〉를 만드실 때 영감과 영향을 많이 받으신 대상이 궁금해요.

매거진 콘셉트에 대한 첫 발상은 매거진 〈B〉에서 영향을 많이 받았어요. 그렇지만 실존하고 계속 변화하는 브랜드를 가지고 매거진을 만드는 것과 2시간으로 완결된 예술 작품을 가지고 매거진을 만든다는 게 성격이 많이 달라요. 처음 아이디어는 〈PRISM OF〉를 발행하기 전에 진행했던 영화 상영회의 「프리즘 토크」에서 왔어요. 영화 상영을 하고 나서 감독님과 참석하신 분들과 같이 영화에 대해서 대화하는 시간을 가졌는데, 다양한 사람들의 프리즘을 통해서 대화가 이뤄진다는 취지로 「프리즘 토크」라고 했어요. 「프리즘 토크」 때 하나의 영화를 각자의 프리즘으로 대화한 거처럼 매거진도 하나의 영화에 대해서 다양한 사람들의 목소리를 담고 싶었어요. 이런 취지로 시장조사를 했더니 매거진 〈B〉라는 잡지가 있었요. 처음 매거진 〈B〉를 봤을 때 한 권의 잡지에 하나의 브랜드를 담는 모습이 너무 매력적이었어요. 그래서 한 권의 잡지에 하나의 영화를 다루는 방식도 가능할 것이라고 생각했죠.

창간호의 첫 주제는 어떤 영화였어요?

첫 영화는 《그랜드 부다페스트 호텔(웨스 앤더슨, 2014)》이었어요.

첫 영화를 선정하기 위해서 많은 고민을 하셨을 거 같은데, 《그랜드 부다페스트 호텔》을 〈PRISM OF〉 창간호 주제로 선정하신 이유가 궁금해요.

그 당시 고민은 별로 없었어요. 몇 호까지 갈 수 있을지 모르고 시작을 한 거였거든요. 《그랜드 부다페스트 호텔》은 당시 저희에게 너무 딱 맞는 영화였어요. 《그랜드 부다페스트 호텔》이 대중적으로 성공을 거둔 예술 영화라고 해서 많이 조명을 받았고, 예술 영화관에서 개봉을 했는데 80만 관객을 동원해서 기사도 많이 나왔죠. 영화도 비주얼적으로 굉장히 독특한 면이 있기 때문에 창간호에 선보이기 가장 좋은 영화여서 선정하게 됐어요.

2호의 주제였던 《이터널 선샤인》을 특별호로 한 번 더 발행하신 이유가 궁금해요.

〈PRISM OF〉 2호에서 《이터널 선샤인(미셸 공드리, 2004)》 영화를 주제로 이야기를 담았는데, 제작 수량이 많지 않았고 절판도 빠르게 됐어요. 절판 이후에도 거의 3년간 구매하고 싶다는 문의를 너가 소개할 4편의 영화를 선정할 때는 빨리스를 맞추려고 노력 하고요. 체급라도 고려하고 4편 중에 하나는 꼭 한국 영화도 해요.

정말 많이 받았어요. 이슈들 중에서 절판이 되어도 구매하고 싶다고 계속 문의가 오는 특별한 영화들이 있어요. 그중 하나가 2호의 《이터널 선샤인》이에요. 제작 수량이 적었기 때문에 구매 문의가 올 때마다 죄송스러운 마음이 있었죠. 그래서 지금의 아이덴티티로 《이터널 선샤인》 특별호를 발행해 보자고 생각해서 만든 특별호예요. 지금까지 저희가 다뤘던 영화 중에서 유일하게 두 번 다룬 영화예요.

각 호마다 영화를 선정하시는 기준과 과정이 궁금해요.

이 질문에 대한 답변도 〈PRISM OF〉 이름의 의미처럼 외운 게 있어요.

한 번 외운 대로 읊어주세요.

다양성을 중요시하고, 다양성 보다 더 중요하게 여기는 게 균형이에요. 영화의 매력이 어느 한 쪽으로 쏠려 있으면 〈PRISM OF〉 매거진 160 페이지로 다루기가 어려워요. 예를 들어 너무 아름다운 영화지만 플롯(plot, 작품에서 형상화를 위한 여러 요소들을 유기적으로 배열하거나 서술하는 일)이 없으면 그 영화는 영상으로 즐겨야지 활자로 즐긴다고 해서 재해석이 되는 영화가 아니거든요. 영화를 뜯어볼 만한 측면들이 다양할수록 좋아요. 그런 면에서 《그랜드 부다페스트 호텔》은 뜯어볼만한 측면이 굉장히 많은 영화 중 하나였기 때문에 창간호로 적합했던 것이고요. 그리고 개봉한 지 얼마 안 된 작품들은 안 하려고 해요. 영화에 대한 담론이나 감상이 어느 정도 축적이 되어 있어야 영화에 대한 프리즘을 모은다고 말을 할 수가 있거든요. 그런데 개봉한 지 얼마 안 된 영화는 관객분들이 접한 횟수가 적고, 비평이나 연구 자료도 적어요. 그러면 모을 수 있는 시선이 많이 없더라고요.

〈PRISM OF〉 하나의 호가 발행되기까지 소요되는 시간과 제작 과정의 전반적인 모습이 궁금해요.

제일 먼저 주제가 될 영화를 선정해요. 영화를 선정할 때는 기존에 많은 조사를 통해서 선정해 놓은 영화들이 담긴 저희 바구니 안에서 1년간 소개할 4편의 영화를 다양한 상황을 고려해서 선정해요. 4편의 영화를 선정할 때는 밸런스를 맞추려고 노력하고요. 계절감도 고려하고 4편 중 하나는 꼭 한국 영화로 해요. 영화를 선정하고 나면 목차를 정하는데, 이때는 광장히 고통스러운 정보 수집의 시간이 필요해요. 자료 조사를 하면서 목차를 정하기까지 한 3주 정도 걸리는 거 같아요. 첫 주에 목차가 정리되면 기고를 넣고, 둘째 주에 목차가 조금 더 정리되면 또 기고를 넣고, 셋째 주에 목차가 완성되면 마지막 기고를 보내서 어느 정도 최종 확정이 돼요. 3주가 지난 뒤에는 원고 작업을 시작해요. 디자인 작업은 목차가 나오기 전에 디자이너와 미팅을 해서 주제로 선정한 영화와 그 영화를 바라보는 시선에 대한 느낌을 전달해요. 예를 들면 《티파니에서 아침을》에서 주인공을 바라본 시선과 목차에 담길 포인트 등을 알려드리는 거죠. 그러면 디자이너는 이런 내용을 바탕으로 해석을 해서 작업을 해요. 디자인에 대해서 특별한 가이드를 드리지는 않아요. 디자인 자체도 하나의 프리즘으로 완성하는 거라고 생각하거든요. 인쇄에 문제가 있을 거 같은 부분이 아니면 디자이너의 시선대로 디자인을 확정하는 편이에요. 이런 과정으로 원고와 디자인 작업을 하는데 5주 정도 소요되고, 마감까지는 일사천리로 진행돼요.

하나의 이슈가 끝나면 다음 이슈를 바로 진행하시나요? 아니면 진행하고 있는 이슈와 조금은 맞물려서 다음 이슈를 진행하시나요?

항상 미리 하고 싶은데 그게 안 돼요.

불가능하죠.

불가능해요. 작업하고 있는 이슈에 정신이 매어 있기 때문에 다른 이슈에 쓸 영감이 없더라고요. 영화를 볼 때도 관객이 아닌 창작자로서 보기 위해서는 시간이 필요한 거 같아요. 어느 정도 하나의 이슈가 서점 입고까지 마무리되고 나면 쉬면서 리프레시 하는 기분으로 다음 호를 생각하면서 영화를 봐요.

주제로 선정한 영화는 몇 번 정도 보세요?

예전에 작업할 때는 10번까지도 봤었는데, 요즘에는 조금 줄어든 거 같아요. 그래서 정말 좋아하는 영화는 주제로 선정하면 안 된다고 얘기를 한 적이 있어요. 좋아하는 영화는 〈PRISM OF〉에 내어주지 않고, 저의 영역으로 가지고 있어야 돼요. 지금은 주제로 선정한 영화를 처음부터 끝까지 다 보는 것은 3번 정도인 거 같아요. 그리고 나서는 분석해야 되는 장면이나 팩트 체크에 필요한 부분들 위주로 봐요.

주제로 선정하는 영화에 따라서 반응이 달라질 거 같아요. 지금까지 다뤘던 영화 중에서 가장 반응이 좋았던 영화는 어떤 거였어요?

반응이 가장 좋았던 영화는 너무 명백하게도 《불한당(변성현, 2016)》 이에요. 특별호 《불한당》 발간을 크라우드 펀딩으로 진행했을 때 성공한 금액이 1억이 넘었거든요.

1억이 넘는 금액을 달성하면 어떤 기분이에요?

너무 부담스러워요.

통장에는 수수료 제외하고 얼마 정도 들어와요?

통장에 처음 돈이 들어왔을 때 제작비나 진행비를 정산하기 전에

아홉 자리 숫자가 신기해서 캡처하기도 했어요. 《불한당》은 7호를 발행하고 나서 휴간을 고민하던 시기에 나온 이슈예요. 그 당시의 방식으로는 지속이 불가능하고 매너리즘에 빠지기 쉬운 사이클이라고 판단했어요. 그래서 개편이 잘 이루어지지 않으면 폐간까지도 각오해야겠다는 생각을 하던 때였죠. 개편을 위한 휴간을 고민하던 시기에 《불한당》 영화를 추천하시는 독자분들이 정말 많았어요. 휴간, 혹은 폐간까지 하게 되더라도 마지막으로 《불한당》을 주제로 발행을 하자고 생각했죠. 굿즈도 있어서 펀딩 금액이 높아졌는데, 《불한당》이 펀딩 되는 모습을 보면서 정신을 많이 차렸어요. 진취적으로 개편해야겠다는 마음은 있었지만 한편으로는 이미 지친 상태이기도 했거든요. 그런데 《불한당》 펀딩이 기대 이상으로 잘 되는 모습을 보면서 〈PRISM OF〉라는 아이템을 '우리가 못 따라가는 건 아닌가?'라는 고민도 했어요. 〈PRISM OF〉가 성장하는 거만큼 내 역량이나 마인드가 성장하지 못하면 〈PRISM OF〉를 감당하지 못할 거 같았어요. 창작자보다 소비자가 더 사랑하는 아이템일 수도 있는데, 창작자가 지쳤다는 이유로 폐간을 하는 게 맞는가에 대한 고민을 했죠.

예상하지 못했던 영화였는데 반응이 좋았던 영화도 있을 거 같아요.

《불한당》 바로 다음 이슈에 나온 영화인데, 〈PRISM OF〉 8호의 《혐오스러운 마츠코의 일생(나카시마 테츠야, 2006)》이라는 영화예요. 개봉한 지 오래되지 않아서 얼마나 많은 관객이 영화를 봤는지에 대한 통계도 있지 않았어요. 저희가 의존할 수 있는 유일한 통계가 「왓챠」 어플의 별점이었죠. 가시적인 팬층이 있는 영화는 아니었거든요. 복잡한 영화이기도 해서 고민을 많이 했는데, 제가 꼭 다뤄보고 싶어서 선정을 했어요. 그리고 생각보다 반가워해 주시는 분들이 정말 많으셔서 좋았어요. 지금은 《혐오스러운 마츠코의 일생》 이슈인 8호가 절판됐는데, 아직까지도 8호가 정말 좋았다고 말씀해 주시는 분들이 계세요.

다양성보다 더 중요하게 여기는 게 균형이에요.
영화의 매력이 어느 한 쪽으로 쏠려 있으면 〈PRISM OF〉
매거진의 160 페이지로 다루기가 어려워요.

개편에 대한 얘기가 궁금해요. 많은 고민을 하셨을 텐데 어떤 방향과 과정으로 개편을 진행하셨어요?

개편을 하기 전인 7호까지는 하나의 매거진에 하나의 영화를 다룬다는 콘셉트 자체에 포커스가 많이 맞추어져 있었어요. 하나의 영화를 심도 있게 본 후에, 다양한 시각으로 분석해서 예쁘게 담으면 정말 멋있는 매거진이 될 거라고 생각했거든요. 그런데 개편을 거치면서 들었던 생각이 세상은 이미 〈PRISM OF〉에게 그것 이상의 역할을 기대하고 있다는 거였어요. 〈PRISM OF〉도 결국 언론으로서 목소리를 갖는 매체인 건데, 단순히 좋아해서 만든다는 마음만으로는 고민이 부족하다는 생각이 들더라고요. 발행 호수가 늘어날수록 사회적인 시선이나 독자들이 느낄만한 공감대를 고민하면서, 이 책 역시 저널리즘의 영역에 있다는 지각을 가지고 매거진을 만들어야 되는 시점이라고 생각했어요. 그런 의미에서 개편 후 다뤘던 8호 《혐오스러운 마츠코의 일생》은 〈PRISM OF〉와 같이 봤을 때 감상이 굉장히 달라질 수 있는 영화예요. '마츠코'라는 여성이 얼마나 기구한 삶을 사는가에 대한 영화라서 언뜻 보았을 때 선입견이 있을 수 있는 영화인데, 〈PRISM OF〉에서는 여성 혐오 이슈와 관련지어 새로운 시각으로 마츠코를 바라볼 수 있도록 해석하여 목차를 구성했어요. 〈PRISM OF〉와 같이 봤을 때 감상이 달라질 수 있는 또 다른 영화는 《케빈에 대하여(린 램지. 2011)》예요. 8호 《혐오스러운 마츠코의 일생》과 12호 《케빈에 대하여》가 개편 이후 지향점을 잘 드러내는 호수예요.

지금까지 선정하셨던 영화들이 다 쉽지는 않았겠지만 유독 힘들었던 영화도 있었을 거 같아요.

정말 다 힘들었어요. 가장 좋았던 이슈, 가장 힘들었던 이슈에 대해서 질문들을 많이 하시는데, 사실 특별히 힘들었던 영화는 없는 거 같아요. 처음 영화를 선정하고 목차를 만들 때까지는 어렵지 않을 거라고 생각해요. 그런데 목차를 마무리하는 시기가 되면 왜 이 영화를 한다고 했을까 후회를 해요. 거의 모든 영화가 감독과 배우, 포스터까지 관객이 영화를 어떻게 받아들여야 되는지에 대해서 하나의 정론으로 나와있는 콘텐츠예요. 그거를 파헤치는 작업은 어느 영화든지 간에 어려운 거 같아요. 지금까지 선정했던 영화들은 다 비슷한 정도로 어려웠던 거 같아요.

〈PRISM OF〉에서 영화를 다뤄주면 배급사에서 반가워하기도 할 것 같아요.

영화 업계의 특성상 배급사나 홍보사들은 항상 지금 극장에서 상영하고 있는 영화에 모든 자원을 투자하기 때문에 많은 협업이 이루어지기는 어려운 구조예요. 하지만 대부분은 좋아해 주시고 반가워해 주세요.

영화사나 배급사에서 역으로 본인들의 영화를 〈PRISM OF〉의 이슈로 선정해 달라는 요청이나 제안도 있을 거 같아요.

《다크 나이트》가 홍보사에서 요청이 와서 제작한 이슈였어요. 올해는 의뢰를 받아서 제작하는 이슈는 없지만 가능성은 항상 열려 있어요.

〈PRISM OF〉 하나의 이슈를 제작하는 과정 중에서 가장 중요하게 생각하는 부분은 어떤 거예요?

목차가 제일 중요해요. 매거진을 아무리 이쁘게 만들어도 내용이 허술하면 다 티가 나거든요. 항상 정독하시는 독자님을 기준으로 매거진을 만들어요. 목차가 허술하면 좋은 글이 들어와도 수습이 안 된다고 생각해요. 매거진에서 어떤 얘기를 할지 예고편처럼 말해 주는 게 목차이기 때문에 목차 구성에 많은 노력을 해요.

오늘 〈PRISM OF〉 토크 행사에 참석하신 분들 중에서 궁금하신 거 있으시면 얘기하셔도 좋을 거 같아요.

청중 : 혹시 창간호 인쇄는 몇 부 제작하셨어요?

창간호는 500부 제작했어요.

청중 : 그러면 지금은 몇 부 정도 제작하세요?

지금은 최저 부수가 2,500부이고요. 최대는 5,000부예요.

청중 : 제작 부수를 정하는 기준은 어떻게 돼요?

매거진도 판매하는 상품이다 보니 영화의 인지도에 따라서 반응이 달라요. 영화 특성에 맞춰 제작 부수를 정하기도 하고, 유통 기간을 1년 반~2년 정도로 잡고 수량을 계산해요.

청중 : 매거진을 창간해서 수익으로 바로 연결되지는 않았을 텐데 어느 시점이 됐을 때 매거진을 발행하는 일로 본업을 해도 되겠다는 생각을 하셨어요?

이거는 각자 경험과 상황이 다 다르기 때문에 기준이 다르고 복잡할 수 있을 거 같아요. 저는 오히려 간단하게 생각하면 많이 팔리는 시점인 거 같아요. 예를 들어 판매가 많이 되지는 않지만 인지도가 높은 경우에는 본업으로 할 수 있는 기준에 맞지 않다고 생각해요. 〈PRISM OF〉를 보는 실제 독자층이 넓어졌거나 확보했다는 확신이 드는 것은 숫자이고, 확실한 숫자가 눈에 보일 때 다음 스텝을 준비했던 거 같아요.

청중 : 몇 호 정도 나왔을 때 계속해야겠다는 판단을 하셨어요?

1호 《그랜드 부다페스트 호텔》이 2015년 12월에 나왔고, 2호 《이터널 선샤인》이 2016년 3월에 나왔고, 3호 《화양연화》가 2016년 8월에 나왔어요. 그리고 2016년 하반기에는 매거진을 발행하지 않았죠. 그다음에 2017년 4월에 격월 발행 및 정기구독 서비스를 시작하는 거로 바꿔서 4호를 발행했어요. 1/2/3호를 발행하면서 상황을 봤던 거 같아요. 처음에는 비정기로 발행했으니까 1호를 발행했을 때는 2호를 제작할 수 있는 수익이 생겨서 2호를 발행했어요. 2호도 1호만큼의 호응이 있었기 때문에 5개월 뒤에 3호를 낼 수 있었어요. 3호를 발행할 때는 1호를 재발행해서 1호와 3호를 묶어서 처음으로 텀블벅 펀딩을 진행했는데 1,800만 원이 모였어요. 펀딩이 성공하는 모습을 보면서 이제는 사람들이 〈PRISM OF〉를 알아보고 구매해 주신다고 생각을 했죠. 그 생각을 기준으로 정기 발행을 위한 토대를 다져서 2017년부터 정기 발행을 시작했어요.

《티파니에서 아침을》은 고전 영화잖아요. 〈PRISM OF〉에서 고전 영화를 다룬 거는 처음인데, 영화를 선정하시게 된 이유에 대해서 말씀해 주세요.

〈PRISM OF〉에서 다뤄줬으면 좋을 영화에 대해서 설문조사를 진행했는데, 몇몇 분이 공포 영화나 어려운 예술 영화 등은 왜 다루지 않냐는 얘기를 해 주셨어요. 이런 메시지를 보면서 독자분들이 저보다 더 많은 영역에서 고민을 해 주신다는 생각이 들었죠. 예전에는 좋아하는 영화에 대해서 같이 얘기 나누는 것에 공감대를 가지고 보셨다면, 이제는 〈PRISM OF〉가 더 신선한 시각을 보여주길 기대하시는 거라고 생각해요. 그래서 이번 영화를 선정할 때 조금 더 책임감을 가지고, 그동안 도전하지 않았던 사극, 흑백, 공포, 범죄, 스릴러 등의 장르를 고민하다가 고전 영화인

《티파니에서 아침을》을 선정하게 됐어요.

《티파니에서 아침을》을 알고는 있지만 제대로 본 거는 최근이에요.

《티파니에서 아침을》을 생각보다 많이 안 보셨어요. 「Moon River」 (문리버, 《티파니에서 아침을》의 배경 음악)와 '오드리 헵번'의 룩은 당연히 알지만 영화의 내용을 잘 모르시는 분들이 많으실 거예요. '오드리 헵번'의 선글라스 이미지는 전국민이 다 알 정도인데 영화의 스토리는 잘 모르시는 분들이 대부분이더라고요.

영상의 세련미가 정말 인상적이었어요. 인물, 소품, 배경 등 어느 것 하나 촌스러운 게 없었거든요. 특히 '오드리 헵번'의 귀마개는 60년대 아이템치고는 너무 세련되고 이뻐서 정말 충격적이었어요.

그렇죠? 다른 분들도 그 장면이 기억나실지 모르겠는데, '오드리 헵번'이 하고 있는 귀마개가 있어요. 테슬이 귀걸이처럼 달려있어서 너무 예쁘더라고요. 그거 이베이 같은 데서 팔아요. 🐰

아 이베이요? 저는 이백만 원에 판다는 줄 알았어요. 😊

《티파니에서 아침을》을 조사하면서 알게 됐는데, 영화가 개봉했을 당시에 반응이 우리나라의 부모님 세대는 정말 힘들게 사는데, 미국인들은 여유 있고 즐기면서 사는 삶의 모습이 충격적이었다고 해요. 《티파니에서 아침을》이 1961년도 영화니까 우리나라 60년대와 비교해 보면 미국인들의 자산과 고민의 질이 우리나라와는 간극이 너무 커서 60년대 영화라는 게 믿기지 않는다는 평이 많더라고요. 저도 60년대 영화라는 것을 자각하고는 있었지만, 연도를 계산해 보면 69년 전이니까(대화 당시인 2020년 기준) 정말 오래된 영화예요. 영화를 다룰 때 〈PRISM OF〉가 선정한 영화를 지금의 시대에 왜 봐야 하는지에 대해서 꼭 얘기를 하려고 해요.

목차가 제일 중요해요.
항상 정독하시는 독자님을
기준으로 매거진을 만들어요.
목차가 허술하면 좋은 글이
들어와도 수습이 안된다고
생각해요.

《티파니에서 아침을》에서는 특히 이 부분에 더 집중해서 우리가 지금 1961년도 영화를 왜 봐야 하는지에 대해서 얘기하려고 노력을 많이 했어요.

《티파니에서 아침을》에서 '오드리 헵번'이 '못된 빨간 날'이라는 표현을 하고 그런 날을 만날 때면 티파니 보석상을 간다고 얘기해요. 빨간 날을 안 좋은 의미로 표현하는데, 그런 날을 만난 적 있는지 〈PRISM OF〉에서 물어보는 서베이 페이지가 재미있었어요. 못된 빨간 날을 만났을 때 '오드리 헵번'은 티파니 보석상을 가는데, 우리는 어디를 가야 되는지에 대해서 얘기를 해보면 좋을 거 같아요. 편집장님은 못된 빨간 날을 만나면 어디를 가세요?

저는 밖에 안 나가고 침대로 가요. 예전에는 극장에 갔어요. 빨간 날이 일에서 많이 왔던 거 같아요. 일상에서 겪었던 슬픔보다 일을 하면서 너무 힘들었던 순간에 일부러 극장을 간 적도 있어요. 이 일을 너무 하기 싫거나 괴로울 때 도피를 다른 콘텐츠로 하기보다는 극장으로 갔죠. 제가 영화를 볼 때 제일 좋아하는 장면이 처음에 영화 제작사 로고가 나오는 부분이에요. 그게 왜 그렇게 좋은지 모르겠어요. 영화 제작사 로고가 나오는 장면을 보면 영화의 엔딩 크레딧을 보는 거처럼 영화를 만든 수많은 사람들이 여기에 있다는 게 느껴져요. 오프닝을 보면서 나도 이 사람들만큼 영화를 좋아할 거고, 매거진을 만들 수 있을 만큼의 에너지가 생길 거 같은 느낌을 받아요. 그래서 영화 볼 때 절대 늦지 않으려고 하고, 「넷플릭스」를 볼 때도 오프닝을 건너뛰지 않고 처음부터 봐요.

다른 분들도 안 좋은 빨간 날 특별히 하는 행동에 대해서 얘기를 들어보면 좋을 거 같아요.

청중 : 아르바이트를 하고 있는데, 이상한 손님들이 오는 날이면 마음적으로 힘들어요. 아무래도 서비스직을 하고 있으니까요.

그래서 친구들을 만나면서 그런 것을 해소하는 편이에요. 혼자 있는 것을 별로 안 좋아하고 집순이가 아닌 성향이에요. 친구 집에서 가서 웃고 떠들고 얘기하다 보면 안 좋은 것들이 잊히면서 풀리는 거 같아요.

청중 : 예전에는 저도 극장을 자주 갔었는데 요즘은 서점을 가게 되는 거 같아요. 서점에서 산 책을 근처 카페에서 읽다 보면 빨간 날이 괜찮아지는 거 같아요.

청중 : 평소에 밝은 성격이어서 빨간 날이 잘 안 오기는 하는데, 그런 순간이 특별한 이유 없이 오면 즐기는 편이에요. 평소에 그런 감정을 잘 못 느끼거든요. 음악 들으면서 걸어 다니는 거를 좋아하는데, 광화문을 좋아해서 빨간 날이 오면 광화문 근처를 걸어요.

빨간 날에 대한 서베이를 진행했을 때 진짜 의아했던 부분이, '못된 빨간색 같은 날을 만난 적 있나요?'라고 질문했을 때 '아니오'라는 답변이 거의 없을 줄 알았는데, 빨간 날을 만난 적 없다는 분들이 은근히 많으신 거예요. 그래서 그런 분들이 누군지 정말 궁금했는데 오늘 만났네요. 긍정적이신 분들이 이렇게 많다는 게 정말 신기했어요. 매거진에서 독자분들에게 빨리 보여주고 싶은 페이지가 서베이 콘텐츠예요. 서베이를 보면 영화를 본 뒤에 사람들이 어떤 생각을 하고 있는지 꿰어서 볼 수 있어서 재미있어요.

지금까지 〈PRISM OF〉의 많은 이슈들을 발행해 오셨는데, 계속 진해지는 부분과 계속해서 변하는 부분이 있을 거 같아요.

진해지는 부분은 〈PRISM OF〉가 영화를 다루는 방식인 거 같아요. 예전에는 차별화하기 위한 방법에 대해서 고민을 많이 했는데, 이제는 어느 정도의 차별화가 됐다는 생각이 들어요. '〈PRISM OF〉 방식으로 영화를 보는 것은 어떤 건가요?'라는 질문을 받았을 때 자신 있게 답할 수 있어요. 변화를 주고자 하는 부분은 영화를 보는 시선은 무형의 것이지만, 유형의 어떤 콘텐츠로 표현할 때 프레임이 계속 변하지 않으면 지루할 거 같아서 항상 걱정해요. 지금 하려는 게 반복된 표현인지에 대해서 항상 고민하고 레이아웃도 변화를 주려고 해요. 멈추지 않으려고 노력하고 있어요.

<PRISM OF>를 계속해서 발행하기 위해서는 영화 외에 다양한 영역의 인풋도 필요할 거 같아요. 평소에 영감과 영향을 받기 위해서 어떤 노력을 하시나요? 쉬는 날은 어떻게 보내시는지도 궁금해요.

예전에는 영감을 영화에서 찾으려고 했어요. 아이디어가 떠오르지 않으면, 그냥 보고 싶은 영화를 보면 뭐라도 떠오를 거라고 생각해죠. 그런데 이슈가 늘어갈수록 계속 영화를 보니까 지치더라고요. 영화를 아무리 여러 번 봐도 내가 가지고 있는 다른 맥락이 없으면 영감을 못 받는 거 같아요. 사회면 뉴스와 <PRISM OF>를 만드는 게 전혀 다른 영역 같지만 한편으로는 비슷하다고 생각해요. 내가 가지고 있는 사회, 문화, 정치 등의 소스가 바닥날수록 매거진에서는 똑같은 시선으로 비슷한 얘기만 하게 될 거 같아요. 제가 가지고 있는 소양이 발전하지 않으면 계속 비슷한 키워드만 반복될 거 같아서 요즘은 고전 책들을 많이 봐요. 예전에는 뉴스를 많이 봤는데, 클래식이 줄 수 있는 인사이트가 있을 거라고 생각해요.

청중 : 매거진을 만드시면서 때려치우고 싶었던 적은 없으세요?

그거는 맨날 있어요.

청중 : 그런데도 꾸준히 발행하고 계시잖아요. 꾸준히 할 수 있는 원동력이란 게 있을까요?

꾸준함의 원동력과 함께 요즘 나만의 매거진을 만들고 싶어 하시는 분들이 많은데, 어떤 노력을 하면 좋을지에 대해서 같이 얘기해 주시면 좋을 거 같아요.

책을 만들고 싶으신 거면 단행본을 하셨으면 좋겠고, 매거진을 만들고 싶으신 거면 무슨 일이 있어도 3호까지는 발행하셨으면 좋겠어요. 3호부터 매거진의 색이 보이는 거 같아요. 원동력은 책이 너무 잘 팔려서 통장에서 올 수도 있고, 책이 엄청나게 많이 팔리지 않아도 다른 영역에서 올 수도 있어요. 다양한 영역에서 원동력을 느끼기 위해서는 3호까지 발행해봐야 되는 거 같아요. 3호까지 발행하면 내가 원하는 매거진이 어떤 것인지, 내가 정말 지속을 하고 싶은 건지, 내가 만드는 매거진을 봐주시는 분들은 누구인지 알 수 있는 거 같아요. 1호는 호기심에서 사셨다면 2호는 호기심으로 다가오셨던 분들 중에서 남은 분들과 신규 유입이 있을 거고, 3호가 나오면 1호부터 봤다는 분을 만나게 되는 시점인 거 같아요. 이런 능선을 넘어가 보면 원동력을 찾을 수 있지 않을까 싶어요. 나의 창작물을 만들고 내 이름으로 어떤 것을 연재한다는 게 굉장히 큰 힘이 될 때가 있고 굉장히 싫을 때도 있어요. 각자 느끼는 원동력이 다르겠지만 매거진을 발행하시게 된다면 3호까지 발행하고 나서 원동력을 찾으셨으면 좋겠어요.

청중 : 홍보대행사에서 일을 하고 있는데 온·오프라인에서는 어떻게 홍보를 하고 계시는지 궁금해요.

인스타그램을 메인으로 홍보하고 있어요. 홍보에서 제가 가지고 있는 원칙은 콘텐츠가 우선이고, 매거진을 만들 때 모든 자원을 퀄리티에 투자하자는 거예요. 매거진을 잘 만들어서 길바닥에 놔둬도 지나가는 사람이 관심을 가질 정도가 되어야 다른 곳에서 홍보했을 때 사람들이 구매한다고 생각해요. 매거진이 클릭이나 뷰 수로 돈을 버는 건 아니잖아요. 책이니까 구매해서 읽어야지 소비가 창출되는 건데, 혹할 수 있는 멘트로 홍보하는 거는 도움이 안 된다고 생각해요. 인스타그램을 잘 하지 않는 분이나 SNS를 전혀 안 하시는 분도 서점에서 책을 사실 수 있잖아요. 그래서 첫 번째는 퀄리티를 많이 신경 써야 되고, 두 번째는 오프라인 서점 홍보가 중요해요. 다양한 서점에 입고를 많이 하거나 출판과 관련된 마켓에 자주 참여해서 사람들과 직접 만나는 자리를 여러 번 가져야 홍보가 된다고 생각해요. 온라인이나 SNS 홍보가 책이 아닌 다른 상품에서는 중요할 수 있지만 책은 다른 거 같아요. 만약 독자가 어떤 책을 오프라인에서 거의 찾을 수 없는 상황이라면, 그 책을 온라인이나 SNS 홍보만 하는 거는 별로 도움이 안 된다고 생각해요. 일단 매거진을 잘 만들어서 새로운 이슈가 나오면 발행 소식을 SNS에 여러 번 외치는 거 정도로 홍보하고 있어요.

청중 : 독립 출판이 활성화되면서 다시 종이 매체에 관심이 높아지는 거 같아요. 그래도 여전히 없어지는 종이 매체들이 많은데, 〈PRISM OF〉는 어느 정도 자리를 잡았다고 생각해요. 지금의 시점에서 〈PRISM OF〉가 그리고 있는 다음 모습이 궁금해요.

이거 정말 어려운 질문인 거 같아요. 〈favorite〉은 그런 그림이 있으세요?

없죠. 그래서 저는 이런 질문 안 드리려고 했어요. 다음 주 정도 계획은 있어요.

저도 겨울호까지는 계획이 있긴 해요. '종이 매체가 죽어가는데 어떠세요?'라는 질문을 1호부터 받았어요. '왜 거슬러 가냐. 왜 하냐'라는 얘기를 많이 들었어요. 현실적으로 한국어 화자가 너무 적어서 E-Book 시장 성장에 한계가 있을 거라고는 생각해요. 영어권 독자층이 예측하는 E-Book 시장의 성장은 국내와는 상황이 다른 거 같아요. E-Book 때문에 종이책이 죽는 게 아니라, 긴 글이 있는 콘텐츠를 사람들이 보지 않기 때문에 책이 죽어가는 거라고 생각해요. 그래서 독서 시장이 죽은 거지, 종이책 시장이 죽은 거는 아닌 거 같아요. 특히 잡지 시장이 죽은 거는 광고성으로 돌아가는 시장이었기 때문이라고 생각해요. 힘닿는 데까지는 종이 매체를 발행할 건데, 매거진을 소장의 가치, 손으로 만지는 물성에 매력을 두기는 한계가 있다는 생각이 들어요. 그래서 저희는 정기구독을 신청하시면 〈PRISM OF〉 매거진과 「프리즘 카드」를 같이 담아서 발송해 드려요. 「프리즘 카드」는 영화를 더 잘 이해할 수 있는 레퍼런스 중 매거진 지면에 다 담기지 못한 다른 영화, 문학, 음악 등을 소개해드리는 카드예요. 그리고 「프리즘 카드」의 확장된 버전으로 아이패드에 기록할 수 있는 포맷의 「프리즘 노트」를 드려요. 매거진을 읽고 나서 향유하고 감상을 남기는 건 온라인이고 홍보도 온라인이에요. 결국 매거진만 오프라인이지 매거진을 둘러싼 모든 것들이 온라인이나 모바일로 진행되고 있어요. 그래서 매거진과 연계된 상품들은 조금 더 디지털화 시켜보려고 노력하고 있어요.

어느 행위 예술가가 뉴욕에 있는 어느 도서관 2층에서 아이패드와 책을 동시에 떨어트렸는데, 아이패드는 산산조각 나고 책은 조금 구겨진 정도로 떨어졌대요. 이 행위를 통해서 책은 없어지지 않는다는 메시지를 전달하려고 했다고 하더라고요.

아이패드도 복구는 할 수 있을 텐데.

뭐 리퍼 받으면 되겠죠.

청중 : 매거진과 관련된 일을 하고 있고, 영화를 좋아해서 〈PRISM OF〉를 관심 있게 지켜보고 있어요. 편집장님은 독자분들과 어떻게 소통하고 계시는지 궁금해요. 저는 파워 내향이어서 독자들과의 접점을 만들어야 된다고 생각은 하지만 부담스러운 점도 있거든요.

매거진만 오프라인이지 매거진을 둘러싼 모든 것들이 온라인이나 모바일로 진행되고 있어요. 그래서 매거진과 연계된 상품들은 조금 더 디지털화 시켜보려고 노력하고 있어요.

저도 MBTI 신봉하는 파워 내향이에요. 🙂 새로운 이슈가 나온 시점에 맞춰 일부러 독자와의 만남을 진행한 적이 많이 없고, 오늘처럼 제안을 주시면 흔쾌히 와서 즐겁게 얘기해요. 직접 만나지는 않더라도 정기 구독자분들에게 메시지를 많이 드리려고 노력해요. 직접 만나는 거에 의미를 많이 두지 않으려고 하는 이유가 서울이나 수도권에서 사는 사람들 위주의 소통이 되기 때문이에요. 독자분들은 전국으로 분포가 되어 있거든요. 그래서 직접 만나는 것을 강조하지 않으려고 해요. 초반에는 토크 행사와 같은 것을 자주 해야 되는 건지에 대해서 고민을 했는데, 오프라인 만남은 한계가 있다고 생각해요.

새로운 이슈가 나온 뒤에 다음 이슈가 진행되기 전까지는 주로 어떤 시간을 보내세요?

매거진 만들 때 유독 그렇게 「넷플릭스」가 보고 싶어요. 🙂 매거진을 만들 때 이슈로 선정한 영화가 아닌 다른 영상을 볼 때 죄책감이 있어요. 내가 이거 볼 시간에 지금 진행하고 있는 영화를 한 번이라도 더 봐야 될 거 같은 생각이 들거든요. 그래서 다른 영상을 보진 않지만, 그렇다고 그 시간에 작업하고 있는 영화를 보는 것도 아니에요. 다들 어떤 느낌인지 아시죠? 🙂 다음 이슈를 시작하기 전까지 안 봐서 밀린 영상 콘텐츠들을 보고 싶어요. 근데 또 아마 안 보지 않을까요? 🙂 서점에 가면 이미 책 읽은 거 같은 느낌이 드는 거처럼 「넷플릭스」도 찜 해 두는 거만으로도 왠지 다 본 거 같아요. 🙂 이런 식의 시간을 가지지 않을까 싶어요.

'〈PRISM OF〉 방식으로 영화를 보는 것은 어떤 건가요?'라는 질문을 받았을 때 자신 있게 답할 수 있어요.

<favorite>은 좋아하는 일을 하는 사람들의 이야기를 인터뷰 형식으로 담는 매거진이에요.

**좋아하는 일을 의미 있게 하는
사람들의 이야기**

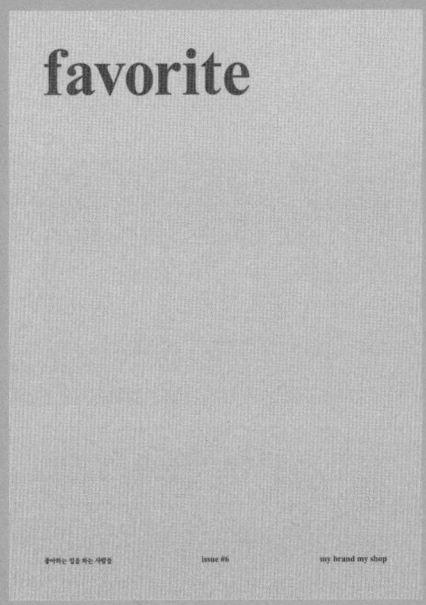

favorite vol.6 my brand my shop

favorite

좋아하는 일을 의미 있게 하는 사람들의 이야기를 담는 <favorite> 매거진과의 대화

<favorite> magazine issue.#1-6

을지로 「ffavorite」

날짜 : 2020년 2월 1일 토요일 / 시간 : 오전 11시부터 12시까지
장소 : 해방촌 STORAGE WORKROOM
대화 : <favorite> 김남우 김정현 & <스몰포켓> 태재 강영규
· QR 코드를 스캔하시면 대화 녹취를 들으실 수 있습니다.

INSTAGRAM : @favorite_mag / @ffavorite_official
HOMEPAGE : favorite-collective.com
LOCATION : 서울시 중구 청계천로 166-1 5층 ffavorite

작지만 요긴한 이야기 스몰포켓 49번째 이야기를 시작하겠습니다.
오늘은 좋아하는 일을 하는 사람들의 이야기를 담는 <favorite>
두 분과 함께 하겠습니다. 본인 소개와 함께 <favorite> 매거진도
소개해 주세요.

김남우 <favorite> 매거진을 소개할 때 항상 사용하는 문장이
있어요. 소개에 대해서 여러 가지 생각을 했을 때 떠올랐던 게
딱 한 문장이었거든요. '좋아하는 일을 의미 있게 하는 사람들의
이야기'라는 문장이에요. 이 문장처럼 <favorite>은 좋아하는
일을 하는 사람들의 이야기를 인터뷰 형식으로 담는 매거진이에요.
그리고 저는 <favorite>을 발행하고 있는 '김남우'라고 합니다.
반갑습니다.

김정현 공동 편집장으로서 <favorite>을 발행하고 있는 '김정현'
이라고 합니다. 반갑습니다.

처음에 어떻게 두 분이 <favorite>을 시작하게 되었나요?
매거진을 만들어야겠다고 하셨을 때 여러 가지 생각들이 있었을
텐데, 결심하고 같이 일을 하시게 된 계기가 궁금해요.

김남우 둘 다 디자인을 전공하고 디자이너로서 10년 정도 활동을 했어요. 저는 10년 정도 회사에 소속된 그래픽 디자이너로 일을 했는데, 너무 좋았어요. 회사 생활도 굉장히 만족스럽게 했고, 월급이 따박따박 나오는 것도 정말 달콤했죠. 그런데 제 주변 사람들을 보니까 적지 않은 월급을 받으면서 살아가는데 즐기지 못하는 사람들이 꽤 있었어요. 그러지 못하는 사람들을 보면서 이유를 생각해 보니 즐길 거리가 어떤 게 있는지 몰라서 즐기지 못하는 거 같다는 생각이 들었어요. 그래서 세상에 즐길 수 있는 재미있는 것들을 소개하고 알려주는 역할을 '내가 할 수 있지 않을까?'라는 생각을 했어요. 그 당시 디자이너의 역할에도 아쉬움이 있었어요. 프로젝트를 진행할 때 프로세스상 디자인이 마지막 단계인 거 같다는 생각을 많이 했거든요. 프로젝트의 시작 단계에서 만들어진 멋진 기획을 마지막 단계인 디자인으로 멋있는 비주얼을 만들어서 실행하는 거죠. 이 프로세스에서 디자이너의 역할이 중요하지만 한편으로는 아쉬움도 있었어요. 그리고 많은 고민과 노력으로 만들어진 디자인 결과물의 수명이 길지도 않았어요. 트렌드가 워낙 빠르니까요. 상업적인 디자인을 넘어 제가 디자인한 결과물이 세상에 긍정적인 영향을 줄 수 있기를 원했어요. 그래서 처음에는 미디어 그룹을 만들어볼까 생각했는데, 미디어그룹이라는 단어가 너무 거창하더라고요. 대신에 저희가 디자이너다 보니 책은 만들 수 있겠더라고요. 주기적으로 메시지를 전달하려면 책 중에서도 매거진이 좋겠다고 생각했어요. 마침 당시 독립출판, 독립서점 등의 문화가 활성화되고 있었어요. 그런 흐름과 저희의 니즈가 자연스럽게 맞물려 <favorite>을 만들게 됐죠. 처음에는 매거진 주제를 세상에 재미있고 즐길 수 있는 것이 많다는 것을 사람들에게 알리고 싶었기 때문에 취미에 집중을 했어요. 그 당시에는 이름이 <favorite>이 아니었고, 취미의 영어 단어 hobby에 영어 접미사 ist를 붙여서「hobbyist(하비스트)」라고 해서「harvest(수확)」단어와 발음이 비슷해 이중적인 의미도 있어서 너무 좋다고 생각했는데, 주변에서 다 반대를 하더라고요.

김정현 저는 지인들과 모션그래픽 스튜디오를 운영하다가 각자의 길을 가기로 하면서 프리랜서로 일하고 있었는데 일을 하면서 항상 촉박한 일정, 적은 예산 등 클라이언트 일에 대한 염증이 있었어요. 자체 콘텐츠에 대한 갈증을 느낄 때 남우가 매거진을 만들어 보자고 제안을 해서 처음에는 가볍게 시작하게 됐어요. 초반 기획 단계에서 'hobbyist'라는 이름이 나왔고 저는 절대 안 된다고 했어요.😊 발음도 로비스트와 비슷해서 뉘앙스가 긍정적이지 않았거든요.

김남우 다들 제일 먼저 과자 하비스트를 생각하더라고요.😊 매거진 이름을 계속 고민하던 중에 지인이 「favorite」이라는 단어를 추천해 줬는데 저한테 묵직하게 다가왔어요. 「favorite」이라는 단어를 마주했을 때 매거진을 더 진지하게 만들어 보고 싶다는 생각이 들었죠. 단어에는 힘이 있다고 생각을 해요. 그래서 이름이 중요한 거고요. 「favorite」이라는 단어가 진지한 생각을 할 수 있게 해줬어요. 매거진의 주제도 '즐길 수 있는 것'들을 알리기 위한 콘텐츠에서 '좋아하는 일'에 대한 것으로 변경하게 됐어요. 살아가면서 일은 정말 중요하다고 생각하고, 저도 좋아하는 일을 하고 싶었거든요. 그때가 회사 생활 10년 차였는데, 용단을 내려서 다니던 회사를 그만두고 <favorite> 매거진을 창간하게 됐어요.

김정현 주변에 본인의 생각을 일로써 표출하는 분들이 많으니, '그분들을 소개해하는 역할을 우리가 하면 좋지 않을까?'라고 발전하게 됐죠.

두 분은 회사에서 만나신 거예요? 아니면 친구 사이였나요?

김남우 저희는 대학 동기예요. 성인이 되자마자 만나서 전공도 같고, 자취도 같이 했어요. 어렸을 때부터 계속 같이 있었어요.

김정현 어렸을 때부터 그냥 계속 같이 놀던 사이죠.😊

할 수 있다는 생각과 거창하지 않아도 된다는 생각을 할 수 있어서 <favorite>을 창간할 수 있었던 거 같아요.

서로의 흑역사도 다 알고 계시겠네요?

김남우 너무 잘 알죠. 😊

여러 구성원이 있다 보면 지속하기 어려운 게 독립 매거진이라고 생각하는데, 두 분이 같이 매거진을 발행해 오시면서 어려운 점 같은 거는 없으신가요?

김정현 남우가 매거진을 만들어 보자고 술자리에서 처음 얘기했을 때, 저도 예전부터 콘텐츠를 만들고 싶다는 생각이 있어서 관심이 갔어요. 재미있을 거 같으니 한번 해보자는 게 시작이었죠. 그때는 각자가 하는 일이 있어서 어느 정도 진도가 나가다가 더 이상 진행이 안되더라고요. 그런데 남우가 퇴사를 하고 매거진에 온전히 집중하게 되면서 제대로 진행이 됐어요. 매거진을 만들려면 다양한 역할들이 필요한데, 저희가 할 수 있는 범위에서 고민하고 진행을 해서 진도가 나갈 수 있었던 거 같아요. 둘이서만 하기 때문에 힘든 부분도 있는데, 온전히 둘이기 때문에 빨리 진행되는 부분도 있어요.

김남우 매거진을 만들고 싶다는 생각을 했을 때만 해도 매거진은 패션지 위주였고, 독립 매거진이 지금처럼 다양하고 활발하게 만들어지지는 않았어요. 그때 독립 서점들이 많이 생겨나기 시작하고, 독립 출판의 문화도 활발하게 발전하는 모습이 흥미로웠어요. 그 당시 『스토리지북앤필름』에서 진행하는 독립 매거진 워크숍을 우연히 보고 신청해서 들었는데 정말 좋았어요. 각자의 매거진을 만드는 편집장님들이 오셔서 매거진에 대한 이야기를 해 주시는 워크숍이었는데, 독립 매거진의 문화가 정말 신기했어요. 독립 매거진을 만드는 이야기를 듣고 대화를 나누는 게 너무 재미있었고, 나도 매거진을 만들 수 있을 거 같다는 생각을 하게 됐어요. 많은 영감과 영향을 받았죠. 할 수 있다는 생각과 거창하지 않아도 된다는 생각을 할 수 있어서 <favorite>을 창간할 수 있었던 거 같아요.

정말 대단하신 거 같아요. 독립 매거진 워크숍을 듣고 꾸준히
매거진을 발행하시는 분들이 몇 분 계세요.

김남우 인풋을 정말 많이 받았어요. 독립 매거진 워크숍을 들을
때만 해도 회사를 다니고 있었어요.

아, 퇴근을 하시고 오신 거예요?

김남우 회사 때문에 주말 수업을 들었어요.

그때도 두 분이 매거진에 대한 고민을 하셨던 시기인가요?

김정현 그때는 남우 혼자서 매거진에 관심을 가지고 고민하던
시기예요. 저희 둘 다 글을 쓰거나 출판사에서 일한 경력은 없지만
기획과 디자인은 할 수 있으니, 우리가 할 수 있는 것들에 집중
했어요. 열악하지만 우리가 할 수 있는 형태를 갖추게 된 거죠.

김남우 어려운 점에 대한 답을 드리면 경제적인 힘듦은 당연히
아실 거라고 생각해요.😊 경험을 하면 할수록 어느 지점에서
예상치 못했던 힘듦을 마주하는 거 같아요. 첫 번째로 힘들었고,
무서웠던 시기가 <favorite> 2호를 발행했을 때였어요. 창간호는
매거진을 만들고 싶다는 생각에 빠져서 정말 재미있게 만들었어요.
둘이서 같이 했던 모든 작업이 정말 즐거웠거든요.

김정현 창간호는 만드는 거에만 정말 집중했어요. 다른 거를
생각할 여유가 없었고, 만드는 거 외에 어떤 거를 더 생각해야
될지도 몰랐어요.

김남우 매거진을 창간하고 나서는 그제서야 매거진을 팔아서 돈을
받을 수 있는 계좌를 만들었어요. 오로지 매거진을 만드는 생각에만
빠져 있었거든요. 창간호가 서점에 조금씩 비치되어가는 모습을

보는 게 정말 신기하고 좋았어요. 그때 탄력을 받아서 2호를 만들게 됐는데, 2호를 발행한 뒤에 조금 무섭다는 생각을 했어요. 우리가 만들고 싶어서 두 권의 매거진을 만들었는데, 세상에 필요하지 않는 매거진을 우리가 굳이 만드는 거 아닌가? 라는 생각이 들더라고요. 매거진이나 책에는 두 가지 결이 있는 거 같아요. 내가 만들고 싶어서 만드는 것과 누군가가 봐주길 바라는 마음으로 만드는 건 결이 다르다고 생각해요. 우리 생각에 빠져서 우리의 만족도를 위해서 매거진을 만들고 있고, 세상이 전혀 필요로 하지 않는 매거진이라면 2호까지 발행한 거에 만족하고 접어야 된다고 생각 했죠. 이런 생각에 대한 검증을 받고 싶은데 딱히 방법이 없었어요. 그러다가 서울역에서 진행됐던 독립출판 페어인 「퍼블리셔스 테이블」에서 확실한 검증을 받을 수 있었어요. 그때 처음으로 저희가 만든 매거진을 가지고 오프라인 행사에 참가한 거였어요.

반응을 직접적으로 보셨겠네요.

김남우 2호부터는 텀블벅 펀딩도 진행을 해서 목표 금액을 달성 했지만 객관적인 반응은 아니었어요. 그 금액에는 엄마, 아빠의 10만 원을 포함해서 지인들의 돈이 포함된 금액이었거든요.😊 그래서 실질적인 반응을 정말 알고 싶었어요. 그런 면에서 「퍼블리 셔스테이블」은 독립 출판이나 책에 관심 있는 사람들이 다 모이는 행사니까 여기서 반응이 없으면 지금까지의 경험으로 만족하고 미련 없이 매거진을 접자는 생각으로 참가하게 됐죠. 결론적으로는 저희에게 굉장히 고무적인 경험이었어요. 우리 생각이 잘못되지 않았다는 것을 알게 됐거든요. 저희 부스에 오셔서 응원해 주시는 분도 계셨고, 판매도 나쁘지 않았어요. 앞으로 우리가 지금의 방향 으로 더 노력해서 잘 만들어 나가면 되겠다는 확신을 하게 됐죠. 마음이 정말 든든하더라고요. 만약에 그때 그런 경험을 하지 않았 다면 지금까지 발행하지 못했을 거 같아요.

김정현 그때 「퍼블리셔스테이블」을 참가하지 않았다면 3호는 아마 발행하지 않았거나 혹은 발행하기 쉽지 않았을 거 같아요.

직접적인 피드백을 받을 일이 없었거든요. 매거진을 만들어서 가족이나 지인들에게 보여 주면 좋다고만 하지 아쉬운 소리는 잘 안 하니까 반응이 객관적이지가 않거든요. 1호의 반응이 엄청나게 좋은 건 아니었고, 직접 피드백을 받을 일이 없다 보니 2호를 제작할 때 텀블벅을 처음으로 활용했어요. 그 성공으로 나름 만족은 하지만 원하는 피드백까지는 아니었거든요. 그래서 2호를 오프라인에서 처음 소개하는 타이밍을 「퍼블리셔스테이블」로 맞췄어요. 제작에서 데드라인을 정말 중요하게 생각해요. 데드라인이 없으면 작업이 끝나지 않더라고요. 그렇게 2호를 가지고 처음 오프라인 페어에 나가게 됐는데, 텀블벅으로 후원해 주신 분들이 저희 부스까지 오셔서 인사를 해주신 분들도 있었고, 갑자기 사인 요청을 해주시는 분도 있었어요. 전혀 예상하지 못했던 경험이었죠. 행사가 끝나고 저희 둘이 술을 한잔하는데 정말 뿌듯하고 기뻤어요. 우리가 열심히 잘하면 더 나아질 수 있는 가능성이 있을 거 같다는 생각을 할 수 있어서 정말 감사했어요.

정말 다행이네요. 매번 인터뷰하실 분들을 찾고, 주제를 선정하실 텐데 어떤 과정과 협의를 통해서 결정하시나요?

김남우 인터뷰이를 선정하는 게 제일 어려워요. 좋아하는 일을 하고 계시는 분들을 만나서 그분들의 이야기를 매거진에 잘 담아서 전달하는 역할에 충실하려고 하거든요. 좋은 분들을 만나면 그분들의 이야기가 <favorite>의 좋은 콘텐츠가 돼요. 그래서 인터뷰이를 선정하는 데 기간이 오래 걸려요.

김정현 전체 제작 기간 중에 인터뷰이 선정이 제일 오래 걸려요.

김남우 저희 둘이 관심 있고, 만나고 싶고, 이야기를 듣고 싶은 분들을 선정해요.

김정현 서로 관심 가는 팀을 얘기했을 때 한 명이라도 반응이 적극

적이지 않으면 선정하지 않아요. 둘 다 관심이 있으면 직접 경험을
하면서 나름의 판단을 해요. 그런 경험을 통해서 인터뷰를 하고
싶다는 생각이 둘 다 들면 인터뷰 요청을 드리게 돼요.

**두 분이 대학 동기이고 오랜 친구여서 커뮤니케이션에서 어려움이
별로 없어 보여요. 의견이 안 맞으면 한 사람의 마음이 상할 수도
있는데, 친구 사이로 지내면서 갈등 같은 것도 없으셨어요?**

김정현 그런 경험은 거의 없어요. 왜냐면 저희 둘 다 성향이 완전
같지도 않고, 완전 다르지도 않아요. 각자가 좋아하는 게 비슷한
거도 있고 다른 부분도 있어요. 결과물을 만들 때 내 옆에 기획의도
를 충분히 알고 있는 사람의 반응이 별로면 다른 사람들의 반응은
더 없을 거라고 생각해요. 적어도 저희 둘 다 나쁘지 않다는 생각을
해야 확실한 1차 검증이 되는 거 같아요. 1차 검증은 서로에게 하는
게 가장 확실하고요. 주변 사람들은 기획 의도를 모르는 상황에서
단순히 팀의 매력도나 개인의 관심사에 의해서 좋고 싫음을 조금은
쉽게 말을 하게 되는 경우가 있거든요. 그건 저희에게 검증으로써
큰 영향을 주지는 않는 거 같아요. 일단은 내 옆에 있는 사람부터
설득을 할 수 있는 매력도를 어떻게든 끌어내는 게 1차 검증이라고
생각해요. 그래서 내가 하고 싶은 팀이나 주제가 있으면 서로를
설득하려고 노력하죠.

**서로가 맞지 않아서 해체할 수도 있다는 생각은 전혀 안 하시는 거
같아요. 단단한 관계의 기반이 있으니까 다음을 더 기대하게 돼요.
매거진을 만들기 위해서 모인 멤버와는 많이 다른 거 같아요.**

김정현 목적을 위해서 만들어진 팀은 생각과 지향하는 바가 다른
데, 어쩔 수 없이 진행을 해야 되는 경우가 있어요. 그런 스트레스가
쌓이게 되면 나중에 터지거든요. '나는 이만큼 배려했는데 왜 너는
배려 안 해?'라는 말을 하게 되면서 끝이 안 좋은 경우가 종종 있는
거 같아요.

김남우 그렇다고 저희가 항상 아름답고 즐겁게 소통하는 건 아니에요.😊 부침은 항상 있어요. 좋은 결과물을 만들기 위해서 과정상의 부침은 중요하다고 생각해요. 그 부침이 건강한 거냐, 쓸데없는 거냐에 따라서 결과가 극명하게 나뉘는 거 같아요. 과정상에서 건강한 부침은 당연히 필요해요. 서로 부침이 생겼을 때 그 부침에 대해서 오해하지 않고, 좋은 결과를 만들기 위해서 서로의 의견을 얘기하는 거라고 생각하거든요. 그런데 그 부침에 대해서 오해가 생기거나 또는 오해가 생기도록 상대방이 행동을 한다면 건강한 커뮤니케이션은 힘들어지는 거죠.

상대방의 반응이 별로일 때 각자 설득하는 요령이 있으신가요?

김정현 제가 추천한 인터뷰이에 남우의 관심과 반응이 없으면 그 팀의 매력도에 나만 빠져있었다고 판단해요. 많은 분들이 <favorite>을 통해서 마주하는 팀들에게 호기심을 갖기를 바라고 있어요. 그래서 더 서로의 반응을 살피게 돼요. 나 혼자만의 관심인지 아닌지를 검증해야 되니까요. 그럼에도 계속 관심이 가는 팀이면 계속해서 설득을 하려고 하죠. 저희 둘 다 단번에 OK가 됐을 때의 결과물이 확실히 좋은 거 같아요. 매력적인데 뭔가 애매할 경우에는 진행을 하다 가도 완성되지 않는 경우가 많아요.

김남우 인터뷰이 선정 과정에서 중요하게 생각하는 점이 있는데, 경험치 안에서 항상 선정하려고 해요. 서치만으로 인터뷰이를 선정하지는 않고, 서치를 통해서 좋은 분을 알게 된다면 직접 경험하려고 해요. 경험을 했을 때 오는 매력도를 중요하게 생각하거든요.

김정현 소재를 찾기 위한 서치는 안 하려고 해요. 매거진에서 요즘 사람들이 관심 있어 하는 소재들을 다루는데, 그 소재를 정말 즐기는 사람이 내용을 봤을 때는 아쉬운 경우가 있어요. 소재로만 접근해서 다뤘기 때문에 제대로 된 내용이 아닌 경우가 있거든요. 그래서 저희도 단순히 소재를 위한 인터뷰는 하지 않으려고 해요.

단순히 소재를 위한 인터뷰는 하지 않으려고 해요. 지금의 경험치 안에서 선정을 하고, 앞으로 더 다양한 경험을 하면서 알게 되는 범위에서 꾸준히 선정하려고 해요.

지금의 경험치 안에서 선정을 하고, 앞으로 더 다양한 경험을 하면서 알게 되는 범위에서 꾸준히 선정하려고 해요.

김남우 그래서 평소에 다양한 경험들을 하는 게 중요한 거 같아요.

김정현 다양한 경험을 하려면 많이 먹고 많이 놀아야 돼요. 😊

김남우 둘이서 경험을 해나가다 보면 어느 순간 경험하면서 만났던 다양한 분들이 하나의 덩어리로 뭉쳐질 때가 있어요. 그러면 주제로 이어지기도 해요. 이런 경험을 통해서 인터뷰이와 주제를 정하게 되는 경우가 많은 거 같아요.

아까 해주신 말씀들이 정말 많은 공감이 돼요. 특히 패션지 같은 경우에는 콘텐츠가 필요해서 가볍게 인터뷰하는 경우가 많다는 것을 체감할 때가 적지 않은 거 같아요. 매 호마다 두 분의 경험 안에서 주제를 선정해서 발행하게 되는 건가요?

김정현 평소 관심이 있는 팀들의 리스트를 정리한 다음에 팀별로 묶일 수 있는 주제가 어떤 것인지 계속 찾아요. 주제를 먼저 정하면 경험치 안에서 인터뷰이들을 선정하기가 쉽지 않더라고요. 그러면 결국 소재를 위한 고민을 할 수밖에 없는 거 같아요. 경험하지 않고 잘 모르는데 겉모습만 보고 선정하기에는 리스크가 있어요.

사설탐정 같은 거네요. 😊

김정현 그렇죠. 😊 어느 팀을 봤는데 '이렇게 일하면 정말 힘들 거 같은데 어떻게 이렇게 즐겁게 잘하지?'라는 생각이 들면 계속 관심을 가지고 지켜보게 돼요.

소재로써 찾는 게 아니라 경험을 모아뒀다가 선정한다는 점이 정말 좋은 거 같아요.

김정현 그러다 보니 단점은 발행 주기와 발행일을 정하기가 어려워요. 가능하면 발행일을 독립출판 페어와 같은 행사에 참가하는 날로 정해요. 창작자들한테 마감일은 촉진제나 동기부여가 될 수 있기 때문에 꼭 있어야 된다고 생각해요.

김남우 결과물을 만들었을 때 이왕이면 이슈성을 가질 수 있는 날이면 좋잖아요. 그래서 평범한 날보다는 행사가 시작하는 날을 발행일로 하려고 해요.

김정현 매거진을 처음 만들 때는 잘 만들면 잘 팔릴 거라는 생각을 했는데 아니더라고요. 잘 만드는 것은 당연한 거고, 영리하게 잘 파는 것도 실력이라고 생각하는데, 파는 능력이 저희가 부족해요. 잘 파는 것과 관련된 능력을 많이 키우려고 해요.

그런 능력을 갖춘 인력을 충원할 생각도 있으신가요?

김정현 여건만 된다면 제일 하고 싶은 부분이에요. 홍보나 마케팅 능력이 저희보다 좋은 사람이 있었으면 해요. 콘텐츠는 기본적으로 저희 둘에게서 나와야 된다고 생각하는데 홍보는 다른 거 같아요. 홍보를 적극적으로 하기 위해서는 해야 될 게 정말 많은데, 저희 둘에서 다 하기에는 한계가 있어요. 앞으로는 이런 부분에 신경을 많이 써서 운영과 관리의 역할에도 집중하려고 해요.

시즌성을 가진 주제는 아니다 보니까 홍보와 마케팅을 잘하면 유리할 거라고 생각해요.

김남우 이제는 수익 창출도 중요해서 <favorite>을 브랜드로써 빌드업하고 싶다는 생각을 진지하게 하고 있어요.

잘 만든 것을 세상에 잘 보이게 하는 게 정말 중요한 거 같아요. 지금까지 잘 해 오셨기 때문에 조금만 더 노력하면 좋은 결과가

있을 거 같아요. 을지로에 공간도 운영하시는데, 공간에 대한 소개도 해 주세요.

김남우 을지로 공간은 세운상가 옆에 위치해 있고, 이름은 favorite에 f가 하나 더 붙어서 「ffavorite」이에요. 한국어 발음으로는 동일한 「페이보릿」을 사용해요. 간단히 소개를 하면 shop & studio라고 얘기해요. 저희의 작업실로 사용하기도 하고, 일정 기간은 오픈해서 숍의 형태로 활용하기도 하는데요. 숍으로 운영될 때는 저희가 매거진을 만드는 팀이다 보니까 저희가 좋아하는 국내외 매거진을 큐레이션해서 서가를 구성했어요. 다양한 매거진을 소개하고 판매하기도 하고, 좋아하는 Vinyl(LP) 음반도 소개하고 판매하고 있어요. 그리고 제일 중요한 주류와 커피, 음료도 판매하고 있어요. 😊

주류가 주류네요. 😊

김남우 네. 😊 그리고 공간에서 「favorie talk」나 「favorite talk & music」 행사들을 해요. 「favorie talk」는 일에 대한 이야기를 다양하게 들을 수 있는 분들을 모셔서 대화를 하는 토크 행사예요. 저희가 매거진을 만들면서 진행하는 인터뷰와 동일한 방식과 무드로 토크 행사를 진행하죠. 작은 공간이어서 한 번 행사를 할 때 10-15분 정도의 청중들이 참여해서 같이 대화를 나눠요. 「favorite talk & music」은 DJ들이 Vinyl(LP)로 들려주는 음악을 같이 듣고, 음악에 대한 이야기를 나누기도 하고, 뮤지션이 와서 라이브 공연을 하기도 해요. 작지만 다양한 것들을 하는 공간이어서 간단하게 정리해서 소개하는 게 어렵더라고요. 공간을 설명하다 보면 지금처럼 말이 길어지고, 한참 설명을 하다 보면 상대방은 여전히 뭐하는 공간인지 모르겠다는 눈빛으로 저희를 바라보실 때가 많아요. 😊 이렇게 하나의 공간이 다양한 모습으로 활용되는 곳을 「카멜레존」이라고 표현하더라고요. 저희 공간을 간단하게 소개할 수 있는 적절한 단어인 거 같아요.

김정현 <favorite> 3호까지의 작업은 둘이서 작업실도 없이 노트북만 들고 좋아하는 카페를 돌아다니면서 했어요. 그런데 점점 공간의 필요성에 대해서 느끼게 됐죠. 매거진 외에도 저희가 좋아하는 것들을 하고 싶었고, 사람들과 공유하고 싶었거든요. 그래서 우리가 유지할 수 있는 규모에서 작업실로 활용하고, 다양한 행사도 진행하고, 좋아하는 것들을 소개하고 판매하면서 수익도 창출할 수 있는 공간을 만들게 됐죠. <favorite>이 매거진 외에도 재미있는 행보를 한다는 것을 보여주고 싶었어요.

김남우 매거진을 발행해 나가면서 좋아하는 것들이 점점 더 다양해지고, 진해진다는 느낌을 받았어요. 그래서 우리가 좋아하는 것들을 보여줄 수 있는 공간이 있으면 좋겠다고 생각했죠. 매거진을 만드는 것 외에 다른 모습도 보여드리고 싶었거든요. 그 시기에 마침 을지로에 정현이랑 술을 마시러 왔다가 을지로의 매력에 완전히 빠지게 됐어요. 그때는 을지로가 지금처럼 힙지로가 되기 전이었어요.

김정현 아무것도 없을 거 같은 을지로 골목 구석에 개성 있는 공간이 있는 모습이 정말 재미있었어요. 남우는 예전부터 충무로와 을지로를 오가며 일을 했기 때문에 익숙한 골목이었는데, 개성 있는 공간이 생기는 모습들을 더 임팩트 있게 생각했어요.

김남우 디자이너로 활동하면서 꽤 많은 시간을 충무로와 을지로 골목에서 밤을 새우며 일을 했어요. 그래서 너무 잘 아는 지역인데, 새로운 문화와 공간이 형성되는 모습이 정말 인상적이었죠. 을지로 특유의 허름하고 낡은 공간의 특성을 살려서 만든 새로운 감성과 무드의 공간이 너무 좋았어요. 그리고 을지로에서는 많은 돈을 들이지 않아도 공간을 만들 수 있을 거 같아서 본격적으로 알아보기 시작했죠.

김정현 저희가 수익이 많이 나서 공간을 만든 게 아니고, 더 나은 매거진에 흘러서 창간을 했듯이, 을지로에 흘러서 공간을 만들게 됐어요. 공간이 있으니까 다양한 생각과 기획을 통해서 재미있는 행사들도 할 수 있고, 더 많은 인연들을 만날 수 있어서 좋아요.

수익 창출을 위해서 공간을 만드는 것이었기 때문에 많은 돈을 들일 수가 없었어요. 그런 면에서 을지로는 진입장벽이 높지 않을 거 같았죠. 을지로의 무드도 우리와 잘 어울릴 거 같아서 공간을 찾기 위해서 을지로 일대를 반년 가까이 헤맸어요.

김남우 을지로 골목을 거의 다 돌아다녔던 거 같아요. 처음에는 부동산을 갔는데, 보여주시는 공간이 저희의 생각과 많이 다르고, 혼난 적도 있어요. 젊은 친구들이 아무것도 모르면서 뭘 하려고 하냐면서요.😉

김정현 부동산에 가서 저희가 생각하고 있는 공간을 얘기하면 결국에는 북카페로만 이해를 하셔서 보여주는 공간들이 매력도가 없었어요. 원하는 공간을 찾기 위해서 결국 직접 발품을 팔다 보니까 생각보다 오래 걸린 거 같아요. 을지로 골목에 붙어 있는 임대문의 전단지들이 보일 때마다 거의 다 전화를 했어요.

김남우 원하는 공간을 찾기 위해서 을지로 골목을 돌아다녔을 때 저희의 상태가 매거진을 창간할 때와 비슷했어요. 매거진에 홀려서 창간을 했듯이, 을지로에 홀려 있었거든요. 을지로를 한참 헤매다 찾은 공간이 엘리베이터가 없는 건물 5층에 버려진 작고 허름한 공간이었어요. 공간을 보자마자 너무 좋아서 덜컥 계약을 했는데 '앞으로 어떻게 하지?'라는 생각을 했죠.😉

김정현 5층까지 걸어 올라오는 게 힘들지만 5층에 도착하면 정말 좋아요. 힘드니까 더 좋은 거 같아요.😉

김남우 다음 공간은 무조건 엘리베이터가 있는 건물로 가거나 아니면 1층으로 갈 거예요.😉 공간이 있으니까 다양한 생각과 기획을 통해서 재미있는 행사들도 할 수 있고, 더 많은 인연들을 만날 수 있어서 좋아요.

김정현 예전에는 대화에서만 그쳤던 재미있는 생각들을 지금은 공간이 있으니 다양하게 실행해 보려고 해요.

공간이 있을 때와 없을 때를 비교하면 어떠신 거 같아요?

김남우 공간이 있어서 훨씬 더 많은 가능성들이 생겼어요. 만약에 공간이 없었으면 매거진을 만드는 거에만 집중했을 거 같아요. 그런데 공간을 만들어서 다른 매거진들과 LP음반, 술, 커피 등을 소개하고 판매하다 보니까, 평소보다 더 진지하게 다양한 매거진을 보게 돼요. 음반도 마찬가지고요. 술을 마시더라도 저희 취향을 더 발견하기 위해서 집중해요. 여러모로 모든 면에서 저희의 색깔이 더 진해지는 거 같아요.

김정현 공간이 워낙 작다 보니까 가져다 놓을 수 있는 것은 한정적이어서 더 진지하게 생각하고 고민하게 되는 거 같아요.

거기에 5층이라는 점도 한몫하는 거 같아요. 😊

김정현 5층이라 함부로 가져오지 않게 돼요. 나중에 빼야 할 수도 있거든요. 😊

김남우 인테리어 할 때 언제 나가게 될지 모르기 때문에 최대한 가구 위주로 인테리어를 했어요. 가능하면 다 챙겨서 나갈 수 있도록이요. 😊

그래도 5층이기 때문에 한번 올라오면 그냥 내려가지 않고 뭐라도 소비를 하고 가시지 않나요?

김정현 그렇긴 한데 잘 안 올라오시는 게 문제예요. 😊

김남우 공간이 너무 작다 보니 가끔은 손님들이 금방 채워져서 자리가 없을 때도 있어요. 그럴 때 5층까지 올라오셨는데, 자리가 없다고 말씀드리면 정말 죄송해요.

김정현 이상하게 손님이 없는 날은 계속 없고, 손님이 꽉 찬 날은 계속 오시는 거 같아요. 😊

김남우 그런데 안 오시는 날이 훨씬 더 많아요. 어제도 아무도 안 오시지 않았어?

김정현 없었지...

김남우 공간에 대한 시선을 영업으로 바라봤을 때는 굉장히 잘 못하고 있는 부분도 있어요. 영업하려고 만든 공간에서 이상적인 거만 생각하고, 하고 싶은 것들만 진행해보니, 이런 방식으로 공간을 운영하는 것은 현명하지 않은 거 같아요. 앞으로 더 영리하게 생각해서 수익창출을 하기 위해서 노력하려고 해요.

김정현 실제 공간 운영은 정말 다르더라고요. 우리가 좋아하는 공간을 만들면 그거를 좋아해 주는 사람들이 올 거라고 생각했는데, 착각이었던 거 같아요. 우리의 매력도를 높일 수 있도록 더 노력해야 할 거 같아요.

두 분 수익은 어떻게 되세요? 어느 팀은 같이 일은 하지만 수익은 각자 알아서 버는 팀도 있더라고요.

김남우 지금 버는 수익은 매거진과 공간에 다시 투입되고 있어요. 저희가 가져가는 수익이 아직 있지는 않아요.

김정현 매거진을 발행하면서 필요한 제작비나 경비, 그리고 둘이서 한잔하는 정도는 해결이 돼요. 😊

다행이네요. 😊

김남우 저희의 인건비는 아직 없어요.

뭔가 직장 생활을 각자 알아서 하는 구조네요.

김남우 지금까지는 그렇게 하고 있어요. 매거진을 위한 인터뷰, 작업, 제작, 입고 등을 하면서 바쁘게 지내다가 어느 날 계좌를 봤는데, 잔고가 3만 원 남아있는 거예요. 앞으로 어떻게 해야 할지 아무런 생각이 안 떠오르더라고요. '매거진을 멈춰야 되나?'라고도 생각했어요. 그런데 신기하게도 죽으란 법은 없다고, 단비가 오듯이 서점에서 조금씩 정산 금액이 들어오기 시작하더라고요. 목이 타 들어가는 순간에 정말 생명수 같은 단비였어요. 😊 너무 막연했는데 정말 감사하고 신기한 경험이었죠.

김정현 세상이 저희를 죽이지는 않더라고요. 😊 그 시점 이후로 지금까지 조금씩은 발전해 오고 있는 거 같아요.

김남우 다행히 그 시기를 잘 넘긴 거 같아요. 출판사와 공간의 사업 영역이 나뉘어 있는데 두 영역에서 시너지가 나기를 바라고 있어요.

디자인 외주 일도 생각하시나요?

김남우 외주 일은 디자이너라면 당연히 생각할 수 있는 영역인데, 결이 정말 잘 맞아야 된다고 생각해요. 저희가 나아가고 있는 방향에서 시너지가 되는 일이기를 바라거든요. 결이 전혀 다른 일을 한다면 스트레스도 많이 받고 힘들 거 같아요. 하고 싶은 일을 소홀히 하게 될 수도 있고요. 기회가 된다면 저희와 결이 잘 맞는 외주 프로젝트도 진행해 보고 싶어요.

올해는 정말 <favorite>이 많은 수익을 창출할 수 있었으면 좋겠어요.

김남우 매거진 판매만으로는 돈을 벌 수 없다는 것은 이제 확실하게 알았어요.😊 그래도 매거진은 계속 발행하고 싶으니까 지속할 수 있는 다양한 고민과 노력을 해서 수익을 창출할 수 있는 수단을 찾으려고 해요. 한두 번 반짝하는 것은 감각과 실력이 있으면 누구든 할 수 있다고 생각하는데, 반짝임을 잃지 않고 계속해서 유지하는 게 정말 실력인 거 같아요.

김정현 잘 유지하는 게 제일 중요한 거 같아요.

꾸준히 반짝반짝 빛나는 게 정말 어렵죠.

김정현 멈추지 않고 계속해서 쌓아 나가는 모습이 매거진의 가장 큰 매력이라고 생각해요.

매거진을 발행할수록 고민도 늘 거 같아요.

김남우 시간이 지날수록 저희가 점점 진지해지는 거 같아서 고민이에요. 창간호를 발행할 때와 지금을 비교해 보면 정말 많이 진지해졌어요. 진지한 게 나쁜 거는 아닌데 힘을 좀 빼고 싶어요.

김정현 예전에는 단순한 면도 있었는데, 지금은 쓸데없이 스스로의 기준을 너무 높여서 안 되는 것들이 생각보다 많아요. 특히 주제를 선정할 때는 너무 진지해지는 거 같아요.

김남우 「favorie talk」 행사 때 나눴던 대화 중에서 꼭 마스터피스를 만들 필요는 없다고 얘기했던 적이 있는데, 지금 저희가 마스터피스를 만들려고 하고 있는 거 같아요.😊

김정현 그래서 힘을 빼자는 말을 많이 해요.

김남우 힘을 빼서 조금은 더 말랑말랑해지고, 반응이 좋지 않을 수도 있다는 것을 크게 신경 쓰지 않으려고 하는데 어려운 거 같아요. 지금의 시기에 할 수 있는 자연스러운 고민이기 때문에 이 시기도 잘 넘겨 보려고 해요. 그리고 매거진과는 다른 형태의 단행본도 생각하고 있어요. <favorite>에서 만드는 단행본은 어떤 모습일지 저희 스스로도 궁금해서 평소에 단행본에 대한 얘기도 많이 해요.

마지막으로 매거진과 공간에 대한 소개를 한 번 더 해 주시면 좋을 거 같아요.

김남우 시작할 때 말씀을 드렸지만 <favorite> 매거진은 '좋아하는 일을 의미 있게 하고 있는 사람들의 이야기'를 인터뷰 형식으로 담는 매거진이에요. 각 호마다 일과 관련된 주제를 정해서 이야기를 담고 있어요. 다만 일과 관련된 주제를 정할 때 특정 장르의 일을 주제로 정하지는 않아요. 여러 장르에서 좋아하는 일을 하는 분들을 공통된 하나의 주제로 모아서 이야기를 전달해 드리죠. 종종 듣는 질문 중에 하나가 인터뷰이들이 좋아서 하는 일인지 어떻게 아냐는 질문을 하세요. 그런데 이거는 굉장히 명확해요. 좋아하는 일을 하는 사람들을 만나면 좋아하기 때문에 굳이 저렇게까지 일을 한다는 게 느껴져요. 좋아하는 것이 있으시거나 좋아하는 것을 찾고 싶으신 분들이 <favorite> 매거진을 보신다면 좋은 영감과 영향을 받으실 수 있을 거라고 생각해요. <favorite>에 담긴 모든 팀이 시작하는 페이지에는 항상 QR 코드가 있어요. 인터뷰 때 받는 느낌을 온전히 매거진에 담아드리고 싶은데, 사진과 텍스트만으로는 한계가 있더라고요. QR코드를 스캔하면 미니 인터뷰를 통해서 인터뷰이를 만나실 수 있으니 꼭 스캔해 보셨으면 좋겠어요.

김정현 영상을 통해서 인터뷰 당시의 현장 소리나 흘러나왔던 음악, 공간의 무드가 느껴질 수 있도록 했어요. 인터뷰이의 목소리를 듣고 텍스트를 읽으면 느낌도 조금 달라요. 미묘하지만 저희는 그 감성을 꼭 전달해 드리고 싶어서 꾸준히 미니 인터뷰를 담고 있어요. 그래서 꼭 QR 코드를 스캔해 보시기를 추천해요.

김남우 <favorite> 매거진을 통해서 좋아하는 일을 하는 사람들이 정말 많고, 누구나 좋아하는 일을 할 수 있고, 어렵지만 좋아하는 일을 하면 의미 있는 삶을 살 수 있다는 것을 전달해 드리고 싶어요. 저희도 그런 삶을 살고 싶어서 어렵더라도 계속해서 <favorite> 매거진을 발행해 나가려고 해요.

김정현 을지로「ffavorite」에는 저희가 좋아하는 국내외 다양한 매거진들이 있으니까 오셔서 편하게 보셔도 되고, 회의나 미팅을 하셔도 돼요. 저희가 좋아하는 것들을 공유하고 싶어서 만든 공간이니 오셔서 좋은 영감을 받아 가시면 좋을 거 같아요.「favorite talk」행사에 참여하셔서 직접 이야기를 듣고 대화를 나누는 것도 좋은 경험이 될 거예요.「favorite music & talk」는 음악을 알고 들었으면 좋겠다는 생각으로 시작한 행사예요. 저도 스트리밍으로 음악을 많이 듣는데, 음악을 그냥 BGM처럼 듣다 보면 내가 어떤 음악을 들었는지 기억에 거의 안 남더라고요. 예전에는 앨범의 트랙 번호도 알았는데, 지금은 노래는 아는데 제목을 모르는 경우도 있어서 아쉬워요. 그래서 뮤지션이나 DJ를 초청해서 음악에 대한 이야기를 나누고 같이 음악을 듣는 경험을「favorite music & talk」에서 해요. 혼자 음악을 듣는 것과는 다른 분위기가 연출되니까 관심이 있으시면 오셔서 충분히 소통하고 공감하면서 음악을 들으시면 정말 좋은 시간을 보내실 수 있을 거예요.

favorite

\<favorite\> 매거진을 통해서 좋아하는 일을 하는 사람들이 정말 많고, 누구나 좋아하는 일을 할 수 있고, 어렵지만 좋아하는 일을 하면 의미 있는 삶을 살 수 있다는 것을 전해 드리고 싶어요.

favorite

bear

hep

Achim

PRISM OF

2020.7.3 19:00 - 00:50

「ROUND TALK」를 시작하기 전에,

「favorite talk」 행사 이후에 각 매거진의 편집장들과 함께 했던
대화를 책으로 기록해야겠다는 마음을 먹고, 행사에 참여했던
모든 편집장들에게 다같이 모여서 독립 매거진에 대해서 대화하는
「ROUND TALK」를 하자고 제안했습니다.

저와 같이 대화했던 편집장들이 다같이 모이면 어떤 모습이고,
어떤 대화가 오고갈지 궁금했고, 「favorite talk」 행사에 참여해
주신 거에 대한 감사의 표현도 하고 싶었거든요.

행사를 했던 을지로 「ffavorite」에 광장시장의 시그니처 요리(육회,
빈대떡, 고기전, 잡채, 마약김밥, 순대 등은 레드 와인과 페어링이
굉장히 좋음)와 여러 와인을 준비해서 <bear>, <hep>, <Achim>,
<PRISM OF> 매거진의 편집장들을 모셨고, <favorite>의 두 편집
장도 함께 했습니다.

5팀의 독립 매거진, 6명의 편집장이 모여서 저녁 7시에 시작한
「ROUND TALK」는 2시간 정도 소요될 것을 예상했는데, 새벽
1시가 거의 다 되어서 마무리 되었죠.

6시간 가까이 즐겁고, 진지하고, 솔직하게 독립 매거진에 대해서
대화를 나눴는데도 불구하고 다하지 못한 말들이 많았습니다.

<MAGAZINE MAKERS>를 마무리하며...

독립 매거진을 발행하는 서로의 상황과 방식은 다르지만, 각자 추구하는 가치를 위해서 어렵고 힘들지만 멈추지 않고, 매거진을 발행해 나가는 역할과 모습에서 동지애에 가까운 공감대가 형성됐습니다.

평소 다른 이와는 매거진에 대해서 깊이 있게 대화하기 힘들었던 고민과 생각들을 이날 만큼은 충분히 말하고 들을 수 있었습니다.

생각을 실행하고, 실행을 멈추지 않는 게 중요한 거 같습니다.
더 중요한 거는 잘하는 것이겠죠.

「ROUND TALK」에 참여한 각 편집장들도 지속 가능성을 잘 하기 위해서 각자의 방식으로 많은 고민과 노력을 하고 있었습니다.

「favorite talk」 행사를 시작해서 <MAGAZINE MAKERS> 책이 나오기까지 1년이 넘는 시간이 소요됐네요. 예상보다 일정이 길어진 사이 매거진 각 팀들에게도 다양한 변화와 발전이 있었습니다.

지난 시간과 과정이 지속 가능성의 답을 찾는 여정 같았습니다.

오랫동안 계속 잘 할 수 있도록 스스로가 서 있을 수 있는 위치와 나아갈 수 있는 속도를 잘 파악하려고 합니다.

어떤 게 독립인 건지 조금 헷갈려요.
독립이라는 단어가 붙었을 때 과연
좋은 건지도 생각하게 돼요.

페   김남우   독립 출판 페어에 참가했을 때 매거진의 영역을 분리시키고 싶다는 생각을 했어요. 다양한 매거진들의 콘텐츠를 집중해서 모으면 또 다른 느낌을 보여줄 수 있을 거 같았거든요.

프   유진선   2018년도 국제도서전에서 「잡지의 시대」라는 것을 기획해서 매거진을 만드는 20여 팀을 모았는데, 그때 판매가 정말 잘 됐어요. 저희도 참여했는데, 매거진팀들만 모아 놓으니까 도서전 오픈하자마자 「잡지의 시대」로 다들 직진하셨고, 오신 분들도 서로 여기가 제일 재미있다고 얘기하면서 매거진들을 사시더라고요. 다양한 매거진을 모아 놓으면 확실히 시너지가 있는 거 같아요.

베   서상민   저는 국제도서전이 좋아요. 저희 같은 경우에는 독립출판 북페어에 나가면 반응이 그냥 그런데, 기성의 출판사들이 참여하는 국제도서전에서는 상대적으로 초라해지는 면도 있지만 의외로 책은 잘 팔려요. 😊

페   김남우   「독립」이라는 단어가 개인적으로 요즘 좀 긴가민가해요. 어떤 게 독립인 건지 조금 헷갈려요. 독립이라는 단어가 붙었을 때 과연 좋은 건지도 생각하게 돼요.

프   유진선   예전에 매거진을 어떻게 더 팔 수 있을지를 고민하면서 해외 사례를 찾아봤는데 너무 부러웠어요. 영어권 독자들은 인구가 많으니까 6만 부를 발행하는데, 인디펜던트라고 라벨링을 하더라고요. 매거진을 발행하면 영어권 나라인 미국, 호주, 영국 등에 다 배포가 되는 거죠.

페   김정현   그들의 독립과 우리의 독립이 많이 다른 거 같아요. 😊

헵   남필우   독립, 인디라는 단어는 우리나라랑 같은데 스케일이 많이 다른 거 같아요. 😊

프   유진선   생존을 고민하는 「독립」이 아니라 내 주관을 가지고 하는 게 「독립」인 거 같아요. 퍼블릭(대중)을 고려해서 한다면 커머셜이라는 개념이 맞는 거 같아요.

페   김남우   독립의 의미에 대해서 스스로의 해석이 필요한 거 같아요. 예전에 어느 대형 출판사 마케팅 팀장님에게 들었는데, 베스트셀러의 기준의 1만 5천 부에서 2만 부 정도라고 하더라고요.

페   김정현   예전 베스트셀러 기준은 10만 부 이상이었는데 지금 1.5만~2만 이라는 현실이 조금 슬픈 거 같아요. 잘 됐을 때의 본보기가 아쉬워요.

프   유진선   도서 시장의 양극화도 심해서, 중간의 영역이 비어 있어 다양성도 깨지는 거 같아요.

페   김남우   파주 출판도시 가면 출판사들 엄청 많잖아요. 굉장히 좋은 사옥을 쓰고 있는데, 그런 모습을 보고 있으면 신기해요.

프 유진선 어린이책이 진짜 잘 팔린대요.

페 김남우 교재 같은 거요?

프 유진선 교재 말고 만화책 같은 거요.

베 서상민 <흔한남매>요?

프 유진선 오~ 아시네요?

베 서상민 저는 잘 알죠. 저희 딸이 좋아하거든요. 😊

프 유진선 인쇄소에서 저에게 왜 키즈는 안 하냐고 말씀하세요. 🐱

베 서상민 처음 출판사를 시작할 때는 동화책을 만들고 싶었어요. 그런데 지인이 그 영역은 자본이 있어야 되니까 하지 말라고 하더라고요. 확실한 자본이 있어야 할 수 있는 시장이더라고요. 저는 지금이 정말 안 좋은 상황은 아니라고 생각해요. 예를 들면 기성의 매거진들은 많이 폐간했고, 발행하고 있는 매거진들의 판매량도 우리와 같은 독립 매거진과 큰 차이가 나지 않아요. 독립과 기성의 경계가 무너진 거 같아요. 지금 각자가 발행하고 있는 매거진의 판매 부수 정도면 결코 적은 판매량은 아닐 거예요. 어떻게 보면 지금 모이신 분들은 주목받고 있는 핫한 매거진이죠. 기존의 출판 시장은 어렵지만, 새로운 독립출판의 영역이 생겨난 거는 얼마 되지 않아서 많은 혜택을 받고 있는 세대라고 생각해요.

프 유진선 처음 매거진을 시작할 때는 독립출판이라는 것을 몰랐어요. 다른 매거진의 편집장님들 강연을 들으러 다니면서 독립 출판이라는 것을 처음 알게 됐어요. 기억에 남는 것 중의 하나가 매거진 <B> 편집장님이 강연을 시작할 때

'저희는 독립 잡지가 아니고 상업 잡지입니다'라고 소개 하시더라고요. 그 소개를 듣고 '뭐가 다른 거지?'라고 생각 했어요. 그때가 2014-15년쯤이었어요.

아 　윤진　라이센스지를 제외한 모든 매거진을 독립이라고 생각하시는 분들도 많은 거 같아요.

베 　서상민　저는 <bear> 매거진을 독립 매거진이라고 불러주는 거를 정말 좋아하고 영광으로 생각해요. 😊

페 　김남우　독립이라는 것을 일부러 붙이지 않으려고 하시는 분들도 있더라고요.

페 　김정현　마이너하다는 이미지를 좋아하시는 분도 있지만, 내세우지 않는 분들도 있는 거 같아요. 사람들마다 추구 하는 방향이 다르더라고요.

프 　유진선　저희는 독립이라는 단어가 붙어서 비하당한 적도 있어요. 예를 들면 '큰 회사에서 만드는 줄 알았는데 독립 매거진이었어요?'라고 말씀하신 분도 계세요.

아 　윤진　그거는 칭찬 아니에요?

프 　유진선　칭찬의 말투는 확실히 아니었어요. 😊 매거진을 소개하는 장소도 중요한 거 같아요. 독립출판에 대한 이해가 있으신 분들이 모이신 곳에 가면 관심을 가져 주시는데, 그렇지 않은 곳에서는 〈PRISM OF〉를 보면서 '이거 뭐예 요? 공책이에요?'라고 하시는 분도 계세요. 그래서 제가 열심히 설명을 드리면 '아~ 독립잡지~'라고 말씀하시고 그냥 가세요. 😊

메이저가 된 북페어에서는 굿즈를 구매하시는 분들이 많으시고, 마이너한 북페어에서는 책을 더 많이 구매하시는 거 같아요.

페 　김남우　페어나 행사를 나갈 때 매거진을 조금만 들고 가서 더 가볍게 돌아와야 하는데 그게 잘 안돼요.

아 　윤진　어느 정도 들고 가야 되는 건지 항상 너무 고민돼요.

페 　김정현　그래도 부족한 거보다는 남는 게 나은 거 같아요.

페 　김남우　한편으로는 부족한 거도 기분 좋게 받아들이고, 할당량을 다 했으니 페어를 즐기는 것도 좋을 거 같아요.

베 　서상민　그게 더 영광일 수 있어요. 솔드아웃이잖아요. 😊

헵 　남필우　저도 출판 페어에 정말 참여해 보고 싶어요. 와이프가 일러스트레이터여서 같이 일러스트 페어에 참가한 적이 있어요. 제가 일러스트북을 만들어줬거든요. 와이프 부스에서 같이 있다 보니까 어느 순간 제가 장사를 하고 있더라고요. 그때 제가 소질이 있다는 것을 알았어요. 😊

아 　윤진　저는 페어에 나가면 남자 친구가 부스에서 손님처럼 있어요. 시킨 적은 없는데 알아서 잘 하더라고요. 🐻

페　　김정현　사람들이 몰려 있는 부스가 있으면 저도 궁금해서 가서 보게 돼요. 그 심리가 있는 거 같아요. 부스에 아무도 없으면 다가가기 부담스럽더라고요.

헵　　남필우　올해는 페어를 열심히 참여하려고 했는데, 코로나 때문에 많은 행사들이 취소되어서 아쉬워요.

프　　유진선　팀마다 페어에 참가하는 노하우가 있는 거 같아요. 저희는 매번 대사가 똑같아요. 부스에 오셨을 때 항상 '이 영화 보셨어요?'라고 시작해요. 영화 매거진이다 보니 콘텐츠를 설명하기가 복잡할 때가 있거든요. 그럴 때 영화는 너무 친숙한 콘텐츠이고, 다들 자신의 영화 감상을 말하고 싶어 하는 욕구가 조금씩은 있어서 영화와 관련된 대화를 하려고 해요. 그러면 매거진도 구매하시더라고요.

페　　김남우　어느 분은 부스에 오셔서 매거진 샘플을 들고 한참을 정독하신 뒤에 '잘 봤습니다'라고 하시고 그냥 가시는 분들도 있으세요.😌 매거진 이슈마다 샘플이 2권 정도 밖에 없는데, 한 권을 독점해서 정독하신 뒤에 구매를 안 하고 그냥 가시면 솔직히 서운해요.

프　　유진선　제가 터득한 노하우가 있는데, 매거진 샘플을 보신 후에 테이블에 내려놓으실 때 각을 잡고 정리하시면 구매를 안 하시더라고요.🐻

페　　김정현　미안한 마음에 그럴 수도 있겠네요.

베　　서상민　매거진을 보고 각을 잡고 정리하려고 하실 때, '저희가 정리할게요'라고 해야겠네요.😌

페　　김남우　여러 독립출판 페어에 참여했을 때 책을 정말 안 사시는 거 같다는 느낌을 많이 받았어요. 저희 매거진

한 권에 17,000원인데 저렴한 가격은 아니라고 생각해요. 그런데 17,000원짜리 매거진을 보면서 한참을 고민하시다가 옆에 있는 30,000원짜리 에코백은 큰 고민 없이 구매하시더라고요.

페   김정현   책보다는 굿즈를 더 많이 구매하시는 거 같아요.

아   윤진   부스에서 책을 본 다음에 온라인 서점에서 더 저렴한 금액으로 배송비 무료에 적립까지 해서 구매하시는 분도 많은 거 같아요.

페   김정현   책은 들고 가기도 번거롭고 무거우니까 온라인 서점을 통해서 혜택받고 편하게 구매하실 수도 있겠다는 생각을 해요.

프   유진선   1년에 한 번 있는 유명한 북페어들은 인지도가 높아져서 지금은 명절 같은 느낌이에요. 😊 메이저가 된 북페어에서는 굿즈를 구매하시는 분들이 많으시고. 마이너한 북페어에서는 책을 더 많이 구매하시는 거 같아요.

페   김남우   명절 같다는 표현 좋은 거 같아요. 코로나 때문에 명절이 없어졌네요.

프   유진선   명절마다 세뱃돈이 두둑했는데. 😊

페   김정현   그 세뱃돈으로 제작비나 진행비 등을 정산하면서 버틴 것도 있어요.

지류사에서 종이를 직접 구매해서 인쇄소에 보냈더니 인쇄비를 낮출 수 있었어요.

페   **김남우**   <favorite> 6호를 발행할 때 최소한의 퀄리티는 유지하면서 제작비를 최대한 낮춰 보려고 고민했어요.

아   **윤진**   저는 인쇄비를 20% 정도 낮췄는데, 인쇄소를 통해서 종이를 발주하지 않았어요. 지류사에서 종이를 직접 구매해서 인쇄소에 보냈더니 인쇄비를 낮출 수 있었어요.

헵   **남필우**   지류사에서 들었는데, 인쇄소를 통해서 종이 발주를 하면 어쩔 수 없이 비용이 붙는다고 하더라고요. 지류사에 직접 발주하면 할인을 많이 해준다고 해요. 저도 지류사에서 좋은 종이를 혜택받아서 사용한 적이 있는데, 결과물에 사용한 종이 정보를 한두 줄 정도만 표시해 달라고 하더라고요.

페   **김남우**   혜택만 준다면 표지에 종이 정보를 넣을 수도 있어요.😊 인쇄비에서 종이가 차지하는 비중이 커서 종이 비용을 아끼는 게 큰 거 같아요. <PRISM OF>는 항상 한정판 커버를 별도로 제작하시잖아요. 이번 14호에는 「스타드림」이라는 수입지로 한정판 커버를 제작하셨는데, 「스타드림」도 꽤 고가의 종이로 알고 있어요.

아 윤진 지금 다 각자 어떤 종이를 쓰고 있고, 얼마인지 생각하고 있는 거 같아요.

페 김남우 저 이런 대화를 너무 좋아해요.

프 유진선 《티파니에서 아침을》 한정판을 제작할 때는 펄지가 아니면 디자인을 살릴 수 없을 거 같아서 비용을 감당해서 비싼 「스타드림」으로 제작하게 됐죠.

페 김정현 매번 커버를 두 가지 버전으로 제작하면 비용 부담이 많이 되지 않으세요?

프 유진선 사실 커버만 2종으로 제작하는 거는 비용적으로 크게 부담되지는 않아요. 내지는 동일하고 커버만 달라지는 거니까요.

오타 때문에 스티커 작업 많이 해요. 스티커는 당연한 거고 아름답다고 생각해요.

헵 남필우 저는 혼자 작업하면서 1호는 무사히 했는데, 2호를 진행할 때 아이가 태어났어요. 예전 직장을 다닐 때였는데, 루틴이 퇴근하고 집에 와서 씻고 저녁을 간단히 먹고 음악을 크게 튼 다음에 작업을 하는 거였어요. 와이프가 디자인에 많은 도움을 줘서 알콩달콩 작업을 했거든요. 그런데 2호를 진행할 때는 아이가 태어나서 작업할 때도 조용히 해야 했어요. 아이맥을 들고 아이와 와이프랑 가장 멀리 떨어진 구석으로 가서 헤드폰을 끼고 작업을 했죠. 그렇게 작업을 하면 정말 너무 졸려서 나중에 화면을 보면 텍스트 영역에 'ㅉㅉㅉ'만 계속 찍혀 있었던 적도 있어요. 심지어 인쇄를 넘기고 나서 제본을 하는 과정에 'ㅉㅉㅉ'를 발견해서 재인쇄한 적도 있어요. 그때 컨트리뷰터로 참여해 주신 지인에게 책이 나오기 전에 본인 페이지만 먼저 보여드렸는데, 저한테 아무리 마음에 안 들어도 'ㅉㅉㅉ'가 뭐냐고 그러셨죠.

아 윤진 지인분 덕분에 찾은 거네요.

프 유진선 그분이 정말 감사한 분이네요.

아 윤진 항상 인쇄가 나온 다음에 오타를 발견하게 돼요.

페　　김정현　절대 오타가 없다고 생각했던 곳에서 오타가 발견되면 바보가 된 거 같은 기분이에요. 😊

프　　유진선　오타 얘기를 어디서 해 본 적이 없는데 이렇게 같이 얘기하니까 재밌네요. 🐻

아　　윤진　<Achim> 매거진은 타블로이드 판형 1장이다 보니까 처음 인쇄소에서 받아서 오면 오타가 있을까봐 못 읽어요. 어찌되었든 끝난 거잖아요. 🐻

페　　김남우　제작이 다 완료된 상태에서는 오타가 있어도 어쩔 수가 없어요. 차라리 모르는 게 나아요. 😊

아　　윤진　인쇄가 완료되면 제가 직접 접는데, 접으면서 오타를 발견하게 되면 그냥 눈을 지그시 감고 계속 접어요. 🐻

페　　김정현　저희는 한 팀의 내용이 제본할 때 오류가 있어서 한 권에 3개가 중복으로 들어간 적도 있어요. 그런데 다행히 그 책이 지인에게 갔어요.

페　　김남우　내용이 빠진 거보다는 중복으로 들어간 게 다행이라고 생각해요.

프　　유진선　한 권만 그런 거예요?

페　　김남우　저희가 알고 있는 거는 한 권인데, 더 있는지는 모르겠어요. 아직 제보는 안 들어왔는데 마음이 계속 불안해요. 😊

베　　서상민　누군가는 매거진을 구매해서 아직 비닐도 안 뜯었을 수도 있어요. 😊

아   윤진   저는 매거진에 사람의 평균 체온을 36.5가 아닌 37.5로 적은 거예요. 인쇄를 진행하는 당일 아침에 이거를 발견했어요. 처음에는 평균치가 37.5까지 허용되지 않을까 생각하면서 찾아봤는데 아니더라고요. 다행히 인쇄 전에 발견한 거여서 수정할 수 있었어요.

페   김정현   숫자, 이름, 상호 같은 거만 아니면 오타라고 인지를 못 할 수도 있는데, 이름이나 상호가 틀리면 아예 다른 정보가 되니까 신경을 많이 써야 돼요.

아   윤진   같이 작업하는 멤버의 영문 이름 스펠링을 틀린 적이 있는데 심지어 저희 친언니 이름이었어요. 그런데 이름 스펠링이 잘못된 거를 3호까지 나온 다음에 발견한 거예요. 그래서 된통 욕을 먹고 바꿨죠.

베   서상민   저도 오타 때문에 스티커 작업 많이 해요. 스티커는 뭐 당연한 거고 아름답다고 생각해요.

프   유진선   인쇄소 대표님이 어차피 책은 완벽할 수 없으니 그냥 내려 놓으라고 하시더라고요.

> 매거진을 전국적으로 퍼트린다고 해서
> 잘 팔리는 건 절대 아니예요. 소규모
> 출판이면 차라리 몇 군데 서점하고만
> 거래를 하는 게 좋지 않나 생각해요.

베   서상민   내려놓는 게 진짜 중요한 거 같아요. 저는 판매에 대한 스트레스가 너무 컸어요. 홍보에 대한 고민이 커서 서점만 가면 너무 스트레스를 받는 거예요. 서점에 갔을 때 우리 책이 다른 책으로 덮여 있거나, 정리가 돼 있지 않으면 잘 보이게 정리도 했는데, 그게 스트레스가 되더라고요. 책을 만드는 것도, 서점에 가는 것도 즐겁지가 않았어요. 그러다가 나중에는 책을 판매하는 것은 다 신의 뜻이라고 생각하게 됐죠. 책이 태어날 때부터 판매의 사주를 가지고 태어난다고 생각해요. 안되는 책은 아무리 홍보를 해도 안돼요. 이제는 책의 운명론을 믿게 됐어요. 😊

프   유진선   저희도 초반에 서점을 돌면서 〈PRISM OF〉 매거진 샘플 랩핑을 뜯었어요. 다른 매거진은 샘플용 랩핑을 뜯어 주는데, 저희는 랩핑을 안 뜯어 주는 거예요.

페   김정현   랩핑이 돼 있으면 아무도 안 보시잖아요.

프   유진선   그러니까요. 입고를 하고 나면 샘플 랩핑을 뜯기 위해서 서점 순회를 했어요. 일부 서점의 MD(merchandiser) 분들은 이런 요청을 귀찮아하시는 경우도 있고, 뜯어 주시겠다고 하셨는데, 다음에 가보면 그대로인 경우도 많아요.

나중에는 이거 때문에 스트레스 받아서 서점을 안 갔어요. 서점에 가면 다른 책 잘 팔리는 거만 눈에 들어오거든요. 저희 매거진도 잘 팔리면 MD가 알아서 뜯어줄 거라고 생각하게 됐어요. 🐻

베   서상민   그게 정답이에요. 근데 안 팔리니까 문제지. 😅

페   김남우   서점을 갔을 때 매거진 코너에서 매거진 샘플을 보시던 분이 간혹 <favorite> 샘플 위에 보시던 매거진을 올려 놓으실 때가 있어요. 이거를 신경 안 쓰면 그 상태로 하루 동안 계속 묻힐 수도 있겠다는 생각이 들더라고요. 그래서 매거진 코너를 계속 서성이면서 지켜보게 돼요. 😅

프   유진선   집에 못 가죠. 🐻

아   윤진   알고 보니 서점에 있는 많은 사람들이 대부분 저자이거나 출판사 관계자일 수도 있겠네요. 🐻

베   서상민   저만 그런 줄 알았는데 다 그렇더라고요. 😅

헵   남필우   대형 서점에서 매출은 어떠세요? 많이 나오나요?

프   유진선   온라인 서점에서 매출이 훨씬 많이 나와요.

헵   남필우   오프라인보다요?

프   유진선   네.

페   김정현   대형 서점이랑 직접 거래하세요?

프   유진선   배본사를 끼고 서점과 직접 계약을 해서 거래하고 있어요.

베   서상민   저도 큰 서점들은 직거래하고 나머지는 「북센」을 통해서 거래하고 있어요.

페   김남우   저희는 총판을 통해서 거래를 하고 있는데 잘 모르겠어요. 처음에는 대형 서점에 입고하고 싶은데 어렵고, 신경 쓸 여력이 없어서 독립 서점에만 입고를 했어요. 매거진을 잘 만들고 있으면 연락이 올 거라고 생각 했거든요. 마침 「예스24」에서 연락이 와서 소개해 준 총판을 통해서 거래를 하고 있는데, 이 방법이 맞는 건지 여전히 고민이 돼요.

페   김정현   총판은 정산 주기가 일정하지 않아요. 원래 매거진 정산은 신간이 나오면서 정산이 이루어진다고 하는데, 저희는 비정기 발행을 하다 보니까 정산 주기가 일정하지 않더라고요.

페   김남우   미팅 때 총판 쪽 부장님이 나오셨는데 <favorite>을 <MAXIM>이랑 비교하면서 매거진을 이렇게 만들면 안 팔릴 거라고 하시는 거예요. 당연히 <MAXIM>이 훨씬 더 잘 되겠죠.😉

헵   남필우   <MAXIM>이랑 비교하면 안 되죠.😉

페   김남우   미팅을 하면서 계속 훈계 듣는 거 같았어요.😉 그분들 눈에는 저희가 많이 부족해 보였나 봐요. 틀린 말씀을 하신 건 아니라고 생각하는데, 그래서 진짜 잘해 보고 싶은 오기가 생겼죠.

베   서상민   매거진의 배포와 판매 정보를 직접 보려면 몇 곳의 서점은 직거래를 하는 게 좋아요. 매거진의 판매 정보를 알아야 반영해서 다음 호를 제작하잖아요. 그런데 판매 신경 안 쓰고 만드는 거에만 집중하겠다고 하면 총판도 괜찮은 방법이에요. 총판을 하든, 직거래를 하든, 독립서점에만 팔든 판매에는 큰 상관이 없는 거 같아요. 잘 팔리는 책은 서점 몇 군데만 들어가도 잘 팔려요. 그렇게 많이 판 작가들이 엄청 많아요. 매거진을 전국적으로 퍼트린다고 해서 잘 팔리는 건 절대 아니에요. 구매하실 분들은 어떻게든 사세요. 나한테 맞는 방법을 선택하는 게 중요한 거 같아요. 소규모 출판이면 몇 군데 서점하고만 거래를 하는 게 좋지 않나 생각해요.

매거진을 보고 싶은데, 랩핑이 돼 있어서 못 보는 거를 싫어해요. 구매하지 않더라도 서점에서 봐주기만이라도 해 주셨으면 좋겠어요.

페   김정현   <favorite> 2호가 생각보다 빨리 소진돼서 2쇄를 찍었는데, 나가는 속도가 기대했던 거보다 많이 느리더라고요. 처음에 2쇄 찍을 때는 좋았는데 좋아할 게 아니었어요.

베   서상민   2쇄는 마이너스예요. :)

프   유진선   그래서 2쇄는 신중하게 결정해야 하는 것 같아요.

아   윤진   저희도 2쇄는 안 찍어요.

페   김정현   확실한 오더가 없으면 2쇄는 하면 안 되는 거 같아요.

베   서상민   저희도 책을 2, 3차 계속 찍었는데 계산을 해보니까 손해인 거예요. :) 그래서 추가 인쇄를 안 하고 있어요.

페   김남우   <bear> 매거진은 랩핑을 안 하시는데, 책이 손상될 것에 대한 걱정이나 부담은 없으세요?

베   서상민   그런 거를 신경 안 써요. 오히려 손상돼서 오면 저는 좋아해요. 왜냐면 독자들이 책을 봐줬다는 의미거든요. 매거진을 보고 싶은데, 랩핑이 돼 있어서 못 보는 거를 싫어해요. 물론 랩핑을 하면 보관은 잘 되겠지만 구매해야만 볼 수 있는 매거진이 되잖아요. 구매하지 않더라도 서점에서 봐주기만이라도 해 주셨으면 좋겠어요. 매거진이 좀 헐어도 그렇게 봐주시는 거 만으로도 좋아요.

페 김남우 저도 랩핑을 안 해볼까도 생각했는데 매거진이 손상될까봐 걱정이 돼서 해야겠더라고요. ☺

페 김정현 페어에 나갔을 때 어느 분이 샘플 중에 많이 헐은 이슈를 굳이 구매하신 분도 있었어요. 새 매거진으로 드린다고 했는데도 헐은 샘플을 가져가셨어요.

아 윤진 「favorite talk」 행사할 때 오셨던 분 중에서 과월 호를 너무 사고 싶어 하시는 분이 계셨어요. 남은 재고가 있는지 찾아보니, 전시 때 활용해서 상태가 안 좋은 거밖에 없는데, 그것도 괜찮으시냐고 여쭤보니 그것도 괜찮다고 하시더라고요.

페 김정현 조금이라도 하자가 있으면 교환해달라고 하시는 분들이 많은데, 그렇지 않은 분들을 봤을 때 신기해요.

헵 남필우 책이 손때가 묻고 헐었을 때 멋이 있잖아요. <hep> 1호를 만들 때 무조건 쉽게 더러워지게 만들려고 했어요. ☺ 그런데 이 의도를 독자들에게 전달을 안 한 거예요. 1호를 구매하신 분들 중에서 왜 이렇게 쉽게 망가지고, 물이 살짝 묻었는데 번진다고 컴플레인하시는 분들이 좀 있었어요.

페 김남우 그러고 보니 제가 가지고 있는 <hep> 1호도 지저분해졌어요. ☺

헵 남필우 <hep>은 완전히 펼쳐지게 하기 위해서 책등이 커버와 떨어지도록 제작을 했는데, 다들 이 의도를 아실 거라고 믿었어요. 그런데 책등 관련 하자 문의가 엄청 많은 거예요. '매거진이 망가져서 왔는데, 어떻게 이런 거를 팔아요' 같은 메시지를 많이 받았죠.😉

베 서상민 저는 그 안티도 부러워요.😉

페 김남우 그래도 디자인이 바뀐 거를 아시는 거네요. 디자인이 바뀌어도 전혀 모르시고 아무런 반응이 없을 때도 있어요.

베 서상민 너무 신기한 게 매거진마다 독자층의 스타일이 조금씩 달라요. <bear> 매거진의 독자들은 원가를 하면 말을 한마디도 안 해요. 다들 조용하시고, 모범생 스타일이에요. 그래서 지금 이 얘기가 너무 재미있어요.😉

프 유진선 저희는 랩핑을 안 하면 큰일나는 게 매거진을 발행해서 서점에 보내고 나면 CS 기간이 있는데, 글씨 하나에 얼룩이라도 있으면 '의도하신 건가요?'라고 문의가 와요.🐻

아 윤진 진짜 관심이네요. 영화나 배우를 좋아하는 팬덤으로 구매하시는 분들도 많으셔서 더 애정을 가지고 보시는 거 같아요.

사람이 만드는 거니까 틀릴 수 있다는 것을 어느 정도 너그럽게 봐주시면 좋을 거 같아요.

프 유진선 〈PRISM OF〉 매거진은 중고나라에도 돌아다녀요.

페 김남우 비싸게 돌아다니잖아요. 사인해서 더 비싼 가격으로 올리세요.

프 유진선 사인하면 안 팔리죠.

페 김남우 편집장의 사인인데 비싼 가격에 사지 않을까요?

프 유진선 중고나라는 상품의 퀄리티 상태를 표시하잖아요. 그래서 '한 번도 안 봤다'라고 표시해야 좋은 상품이에요. 그런데 한 번도 안 보고 중고나라에 판다는 거는 저한테는 슬픈 일이죠.

헵 남필우 저는 감사하게도 1호가 반응이 정말 좋아서 발행하고 1달도 안돼서 다 소진됐어요.

페 김남우 총 몇 부 찍으셨어요?

헵 남필우 1천 부밖에 못 찍었어요.

페 김남우 와, 정말 반응이 좋았네요.

헵 남필우 <hep> 1호를 보고 같이 작업을 해 보고 싶고, 만나고 싶다는 연락이 많이 왔는데 제가 의도하는 방향과 다를 경우에는 고사를 했어요. 그런데 어느 분이 엄청난 열정으로 만나고 싶다고 하셔서 만난 적이 있어요. 그리고 그분의 작업을 봤는데, 결과물의 결이 <hep>과는 안 맞는 거예요. 그래서 정중하게 고사를 했어요. 그분에게는 <hep> 매거진의 팬이라고 하시니까 잘 지켜봐 달라고 말씀드리고 헤어졌는데, 조금 실망하신 거 같았어요. 앞으로 작업과 관련된 제안은 제가 먼저 연락을 드리는 게 아니면 가급적 미팅을 안 하려고 해요. 좋은 마음으로 다가오셨는데, 의도치 않게 실망을 드릴 수도 있고, <hep>에도 안 좋은 영향을 받을 수 있으니까요.

베 서상민 「bear cafe」처음 할 때 관심을 많이 받았어요. 그래서 안 좋은 메시지도 많이 받았죠. 그런데 지금 와서 생각해 보면 안 좋은 메시지도 참 감사해요.😊 카페는 너무 정확하게 처음에 몰렸던 사람들이 몇 개월 지나면 다 빠져요. 핫한 게 생기면 처음에는 관심이 집중되는데, 그다음부터는 전혀 무반응이죠.

프 유진선 공간은 불특정 다수가 오는 거니까 누가 올지 예상도 못 하고, 타겟팅을 한다고 해서 잘 되는 거도 아니어서 더 그럴 거 같아요.

베 서상민 카페라는 공간에 댓글을 다는 사람들의 성향도 완전 달라요. 「bear cafe」는 미국에서 원두를 받아서 커피를 내리고 있어서 나름 나쁘지 않은데, 각자 입맛이 다르잖아요. '정말 커피 못 마시겠다, 별로다, 아닌 거 같다'라는 글이 엄청 많아요. 이런 게 매거진의 반응과는 또 다르더라고요.

프   유진선   심지어 어떤 분은 '왜 거기 있냐, 찾기 어렵다'라고 하시는 분들도 있어요.

베   서상민   그런 분들이 정말 많았는데, 지금은 그런 반응이 너무 그리워요.

프   유진선   매거진을 만들면서부터는 모든 것 뒤에 항상 사람이 있다고 생각해요. 무엇을 사든, 어느 공간에 가든 사람이 있다는 것을 생각하게 돼요.

베   서상민   입장이 바뀌면 그렇게 돼요. 저도 다른 카페에 가면 항상 고맙게 생각하고 꼭 인원수대로 음료를 주문하게 되더라고요.

아   윤진   저도 정말 기억에 남는 게 단순한 피드백이었는데, 너무 심장 깊숙이 파고들어 온 피드백이 있어요. 매거진에 띄어쓰기를 잘 못 한 거예요. 그런데 어느 분이 '띄어쓰기도 잘못 되어 있고, 유치원생이 만든 거 같고, 내 조카한테 만들라고 해도 더 잘 만들겠다'라는 글을 「29cm」 후기에 남겼는데 그걸 보는 순간 눈물이 핑 돌고, 손이 떨려서 어떻게 해야 될지 막막하더라고요. 친언니에게 얘기를 했더니 신경 쓰지 말라고 했는데, 그때부터 띄어쓰기에 집착을 하게 됐어요. 어떻게 보면 감사해요. 그분 덕분에 더 신경을 쓰게 됐거든요.

베   서상민   저는 그런 분들 정말 많았어요. 교정 지적해 주시는 분들은 정말 고마워요. 애정이 있으니까 잘못됐다고 얘기해 주시는 거라고 생각해요. 저희에게 어떤 분은 교정을 발로 보냐는 분들도 있었어요. 그런데 그 책은 제가 봐도 심각하긴 했어요.

프   유진선   아, 인정하시는 거예요?

베 서상민　부부가 같이 책을 만들다가 아이가 생기면서 저 혼자 동분서주하면서 몇 권의 책을 만들었더니 그때 나왔던 책들이 조금 아쉬워요. 오타가 있었다는 것은 인정해요.😅 기억에 남는 것 중 하나가 필름 카메라 책을 냈었는데, 필름 카메라는 마니아들이 많잖아요. 근데 책에 카메라의 제작 연도, 제조사명 등에 오타가 있는 거예요. 누가 봐도 알 만한 오타여서 마니아분들에게 총공격을 받았어요.😅 제 잘못인데 어쩌겠어요. 저는 오히려 고마워요.

페 김남우　그래도 읽었으니까 오타를 발견하는 거죠.

베 서상민　그분들은 정말 애정이 있어서 보신 거예요.

헵 남필우　저는 1호 때 에피소드가 있는데, 온라인에서 구매를 해 주셔서 기쁜 마음으로 정성껏 포장해서 보내드렸는데 악플을 다신 거예요. 필름 사진이다 보니까 스캔 상태에 따라서 해상도가 낮을 수 있는데, 그 부분을 지적하면서 '사진 매거진이라고 할 자격이 없다', '매거진 산 거를 후회한다'라고 적으셨더라고요. 기쁘게 포장하면서 좋아했던 마음이 너무 무색해지더라고요.

프 유진선　말을 조금 부드럽게 해 주셨으면 좋겠어요.

아 윤진　맞아요. 사람이 하는 일인데.

페 김정현　사람이 만드는 거니까 틀릴 수 있다는 것을 어느 정도 너그럽게 봐주시면 좋을 거 같아요.

느낌이 쎄해서 들어가 보면 '출고 요청일이 3일 지났습니다'라는 메시지가 있어요.

베 서상민 처음 출판사를 시작했을 때는 온라인 서점에 매일 들어가서 주문량을 확인했는데, 거의 없었어요. 😊

페 김정현 그래서 저희는 매일 확인하지 않고, 주말이나 월요일에 확인해요.

프 유진선 근데 쎄 할 때가 있어요. 느낌이 쎄해서 들어가 보면 '출고 요청일이 3일 지났습니다'라는 메시지가 있어요. 🐻

페 김정현 저도 지난번에 들어갔더니 출고 요청일이 5일이나 지나 있었어요.

헵 남필우 저는 14일 지난 적도 있어요. 2주 동안 확인을 안 한 거예요. 매일 확인을 했는데 시스템에 오류가 있었던 거 같아요. 그래서 고객분들에게 너무 죄송해서 거의 선물박스를 보냈어요. 처음에 14건인 줄 알았는데, 14일이더라고요. 😊

매거진을 만들 때 곰돌이 푸를 생각했거든요. 푸처럼 행복하게 꿀을 먹으면서 일하는 모습을 생각했어요.

페　김남우　<Achim> 매거진 편집장님은 아침에 일찍 일어나실지 궁금했는데, 정말 일찍 일어나서 꽤 많은 일들을 하시더라고요.

프　유진선　정말 살아있는 콘텐츠네요.

베　서상민　이름을 정말 잘 지어야 되는 게 정말 매거진 이름 때문인지 저는 점점 곰같이 되고 있어요. 저도 옛날에는 이러지 않았거든요.

프　유진선　동사 「bear」로 하신 거 아니에요?

베　서상민　동사의 의미 때문에 한 거는 맞는데, 그냥 실제 곰의 의미도 있어요. 매거진을 만들 때 곰돌이 푸를 생각했거든요. 푸처럼 행복하게 꿀을 먹으면서 일하는 모습을 생각했어요.

페　김남우　저는 그 말이 정말 재밌었어요. 요즘도 종종 다른 분들에게 말씀드리는데, <bear> 매거진이 행복한 삶에 대한 이야기를 하기 때문에 처음 매거진 이름이 「happy」였다고 하시더라요.

베 　서상민　처음에는 정말 「happy」로 생각했어요. 그런데 다들 전혀 공감을 안 하더라고요.😌

프 　유진선　저는 감성적이고 좋은 거 같아요.

페 　김남우　저도 개인적으로 「happy」라는 이름 좋아요.

프 　유진선　레트로한 느낌도 나는 거 같아요.

베 　서상민　지금은 「happy」라는 이름이 맞을 수도 있어요. 근데 그때 당시에 주변 반응은 정말 최악이었어요.😌

프 　유진선　「happy」는 왠지 약간 일본 잡지의 감성일 거 같아요.🐻

베 　서상민　그래서 저는 되게 좋다고 생각했는데, 다 반대하더라고요. 무슨 강아지 이름이냐 등등 반대가 심했어요.😌

핫했던 게 끝나고 유행이 바뀌었을 때 어떤 선택을 하느냐가 굉장히 중요한 거 같아요.

페 김남우 <KINFOLK>는 어떠세요? 지금도 계속 발행하고 계세요?

베 서상민 발행은 하는데, 예전 같지는 않아요.

프 유진선 요즘 <KINFOLK>가 잘 안 팔려요?

베 서상민 안 팔긴 지 좀 됐어요. 한때 매거진의 흐름으로 봤을 때 <KINFOLK>는 굉장히 핫했다고 생각해요.

페 김남우 어마어마했죠. 정말 많은 영향을 미쳤어요.

아 윤진 저는 <KINFOLK>를 정말 좋아해요. 지금도 팬이에요.

베 서상민 지금은 <KINFOLK>의 유행이 완전히 지나갔다고 생각해요. 저희는 미니멀을 기반으로 운영되어 온 출판사예요. <KINFOLK>의 유행이 끝났다는 것을 몇 년 전부터 알았어요. 그래서 중요한 거는 핫했던 게 끝나고 유행이 바뀌었을 때 어떤 선택을 하느냐가 굉장히 중요한 거 같아요. 매거진 <B>, <AROUND>, <CONCEPTZINE> 등의 매거진들도 모두 변화에 대해서 고민을 하고 있고, 나름의 방식으로 변화를 선택해서 가고 있다고 생각해요. 앞으로 어떻게 해야 우리가 살아남을 수 있을지를 고민해야 되는 단계에 직면해 있는 거 같아요. 기존에 주목받았던 핫한 것들을 잊고 다시 처음으로 돌아가야 될 거 같아요. <bear> 매거진도 이런 고민을 한 지 몇 년 됐어요. 매거진을 발행할 때마다 변화에 대해서 고민하고, 매번 새로운 변화를 시도했어요. 그런데 조금의 변화는 의미가 없는 거 같아요. 기존에 가지고 있던 것을 다 버리고 대중적인 것을 쫓아가기로 결심했어요. 그런데 어려운 거 같아요. 잘할 때는 뭐든 할 수 있는데, 내리막길을 가기 시작할 때의 선택이 어려워요. 사람들이 점점 떠나는 것을 보면서 어떤 선택을 해야 될지가 정말 중요하더라고요. 자기를 낮춰야 다시 일어설 수 있는데 그게 너무 힘들었어요. 그래도 사람들이 좋아하는 뭔가를 만들었던 팀이었는데, 내가 아무 것도 아니었다는 것을 받아들이기가 어렵더라고요. 대중을 쫓아가는 것은 지금까지 저희가 추구하는 방식은 아니었어요. 그런데 이제는 쫓아가야 될 거 같아요.

프 유진선 지금의 유행이 뭐라고 생각하세요?

베 서상민 복합적이고 가벼운 거라고 생각해요. 가볍고, 깊은 생각을 하지 않아도 되는 그런 것들.

변화에 대한 고민은 매거진보다는 굿즈에서 더 많이 생각해요. 굿즈는 트렌드가 있어서 잘 팔리는 아이템들을 따라가려고 하는 편이에요.

아

윤진 저는 회사에 다니면서 <Achim>을 발행하다 보니 물리적으로 시간이 없으니까 변화를 주지 못했어요. 첫 호와 최신 호가 거의 똑같아요. 그러다 보니 사람들이 '이게 꾸준함이고, 고유한 속성이다. 이게 변하지 않았으면 좋겠다'라고 얘기해 주는데 저는 정말 변하고 싶어요. 제대로 변화하려면 충분한 시간을 가져야 되는데 진짜 시간을 못 갖는 거예요. 그래서 그냥 이대로 독자들만 만족시키면 되는 건가?라는 것에 대한 고민을 항상 해요. <Achim> 매거진의 용도가 독자들마다 다 다양해요. 누군가는 콘텐츠의 가치를 보고, 인테리어 소품으로써 가치를 보기도 해요. 선물용으로 생각하시는 분들도 많은데, 이처럼 <Achim> 매거진의 용도는 각자에게 맡기고 나는 그냥 이대로 가는 게 타협이자 선택인 거 같다는 생각을 하면서 만들고 있어요. 그래서 변화에 대한 고민은 매거진보다는 굿즈에서 더 많이 생각해요. 굿즈는 트렌드가 있어서 잘 팔리는 아이템들을 따라가려고 하는 편이에요. 그리고 굿즈가 확실히 돈이 더 남거든요. 매거진은 아시겠지만 돈이 정말 안 남아요. 마진 계산도 제대로 안 하고 가격을 측정해서 인건비도 제로예요. 매거진은 처음 시작할 때부터 사이드 프로젝트였고, 멤버들에게 페이를 주기 시작한 것도 최근이에요.

베   서상민 그게 제일 좋아요. 다른 분들도 매거진을 위해서 취업하세요. 😊

프   유진선 아직 늦지 않았어요. 🐥

페   김남우 많은 돈을 벌지 못하더라도 매거진은 계속 발행하고 싶거든요.

베   서상민 그러니까요.

아   윤진 재미있는 거는 저는 계속 회사에 다니고 싶어 해요. 그리고 퇴사를 하고 <Achim>을 만들면 과연 더 잘 할 수 있을지 의문이 들어요. 주변 사람들은 <Achim>으로 '카페를 해봐, 브랜드를 만들어봐'와 같은 얘기를 많이 해주세요.

프   유진선 자기 일이 아니어서 그래요. 저는 영화 투자하라는 얘기도 들어봤어요. 🐥

베   서상민 참 말은 쉽죠.

아   윤진 이런 얘기를 듣고 그림을 그리면 혼란스러워요. 사업과 관련된 책도 엄청 읽고, 많은 아이디어들을 생각해 봤는데, 결국 콘텐츠를 더 신경 쓰는 게 우선인 거 같아요. 그런 다음에 굿즈를 조금씩 만들다 보면 다른 니즈로 <Achim>을 찾는 분들도 생기더라고요. 콜라보 프로젝트나 비주얼 작업에 대한 의뢰가 오는 모습들을 보면서 내가 생각하지 못했던 방식으로 사람들이 <Achim> 매거진을 바라봐 주고, 비즈니스 관계까지 만들어진다는 것을 요즘 느끼는 중이에요. 지인들에게 4월에는 진짜 퇴사할 거라고 했는데 아직 다니고 있어요. 왜 아직 퇴사 안 하냐고 물어보면 아직 배울 게 있다고 얘기하죠. 회사에 다니는 모든 관점이 제 일을 하는 데 도움이 되냐 안 되냐 거든요. 지금 회사에서 PB 브랜드를 운영하고 있는데, 나중에 제 사업을 한다는 관점에서 마진과 관련된 부분을 이제서야 계산을 하게 된 거예요. 언젠가는 회사를 나올 건데 아직은 배울 게 있는 거 같아요.

페   김남우   보통은 퇴사를 할 때 지금의 회사가 싫어서 뛰쳐나갈 생각을 많이 하는데, 편집장님은 정말 침착하시다는 생각을 했어요. 퇴사 앞에서 침착하기 쉽지 않다고 생각하거든요. 더구나 지금 퇴사 타이밍의 정점에 있으시잖아요.

아   윤진   내면은 침착하지 않아요.

페   김남우   아, 내면은 지금 엉망이에요?

프   유진선   이런 생각을 정리해서 이렇게 말로 하기까지가 이미 엄청난 업 앤 다운을 지나 왔으니까 가능한 거 같아요.

페   김정현   아침마다 명상하고 요가 하시는 게 다 이유가 있었군요.

아   윤진   정말 많은 생각을 하면서 요가를 해요.

헵   남필우   굿즈를 좋아하시는 분들이 엄청 많고, 확고한 아이덴티티가 있으셔서 사람들이 더 매력을 느끼는 거 같아요. 변하지 않는 모습에서 꾸준함을 발견해 주고, 재미있는 굿즈들이 계속 나오니까 재미가 있는 거 같아요.

베   서상민   색깔을 유지하고 있는 게 정말 대단한 거 같아요.

페   김정현   유지할 수 있으면 유지하는 게 맞는 거 같아요.

매거진은 발행 호의 숫자가 힘이고, 되든 안 되든 한 명도 안 볼 때까지 가도 되니까 세 자리를 채우고 끝내야 된다고 하셨어요

베   서상민 출판사를 만들어서 외주 일도 하고 있지만 책이 팔리지 않으니까 돈에 쪼들리게 돼요. 그래서 카페를 시작했는데 그것도 돈이 안 돼요. 돈이 없어서 새로운 것을 찾는데 다 돈이 안되고 있는 상황이에요. 이런 현실을 너무 많이 알게 되니까 무서워서 새로운 것을 못 하겠어요. 남들은 이것저것 해보라고 쉽게 얘기하는데, 하면 잘 할 수도 있어요. 매거진을 만드는 능력이면 다른 것도 다 잘할 수 있다고 생각해요. 문제는 돈이에요. 돈이 떨어지면 그 순간부터는 정말 비상 체제로 운영이 돼요. 그래서 <Achim> 편집장님처럼 월급을 받으면서 내가 만드는 브랜드의 색깔을 유지해 나가는 게 너무 좋은 거 같아요.

페   김남우 저희는 이번에 코로나 지원금이 없었으면 정말 큰일 날뻔했어요. 지원금으로 생명 연장을 할 수 있었죠. 사람이 하고자 하면 세상이 죽게 놔두지는 않더라고요. 조금씩 단비를 줘요. 죽을 거 같은 어려운 시기에 다시 살아날 수 있었던 순간들이 있었어요.

헵   남필우 정부 지원금의 종류가 많잖아요. 거쳐야 할 단계도 많고, 서류도 많아서 복잡한데 그런 돈을 썼을 때 탈이 안 난대요. 쉽게 투자받은 돈은 쉽게 탈이 날 수가 있다고 해요.

프   유진선   이유 없이 주는 돈은 없으니까요.

아   윤진   세상에 공짜는 없죠.

프   유진선   저는 오히려 〈Achim〉 편집장님이랑 정반대예요. 대학생 때부터 〈PRISM OF〉를 시작해서 졸업을 한 뒤에도 계속하고 있으니까 회사에 대한 갈망이 있었어요. 가르쳐 주는 사수도 없었거든요. 회사 생활의 경험과 경력이 있으면 〈PRISM OF〉를 더 잘 할 수 있지 않을까라는 생각도 했죠. 시간이 지날수록 〈PRISM OF〉가 성장하는 속도와 제가 성장하는 속도가 점점 차이가 나니까 힘들어지더라고요. 제 아이덴티티가 〈PRISM OF〉가 되어 버리니까 너무 하기 싫을 때도 있었어요. 그래서 항상 〈PRISM OF〉와 저를 분리해서 말했어요. 나중에 〈PRISM OF〉의 판매가 줄어 들면 너무 우울해지고, 자존감도 낮아졌어요. 인스타에서 '좋아요'가 평소만큼 나오지 않으면 사람들의 관심이 줄어 들고, 등을 돌리는 거 같은 느낌을 받는데, 저에게도 등을 돌리는 거 같았어요. 그래서 〈PRISM OF〉가 아닌 다른 곳 에서 제 자신을 더 발굴하고 싶어서 대학원에 갔어요. 저를 〈PRISM OF〉 편집장 말고 그냥 개인으로 봐주는 집단이 없으니까 숨이 막히더라고요. 대중들에게서 저를 평가받는 거 같은 느낌도 너무 지치고요. 그런데 교수님은 저를 개인 으로 평가를 해주시니까요.

페   김남우   대학원에서는 어떤 전공을 하세요?

프   유진선   학부가 영문과여서 대학원도 영문과로 갔어요. 사실 마케팅으로 갈까? 유학을 갈까? 그냥 다 때려치울까? 별별 고민을 하던 시기에 「삼례예술촌 책공방」 '김진섭' 대표님을 도서전에서 만난 적이 있어요.

페   김남우   「삼례예술촌 책공방」은 어떤 곳이에요?

프   유진선   책을 수작업으로 만드는 곳이에요. 수작업으로 책을 제작하는 기법을 독일에서 배워오신 분인데, 원래는 한국에서 잡지사 기자 생활을 오래 하셨더라고요. 그런데 기자 일이 너무 환멸이 나서 독일로 유학을 다녀오셨다고 해요. 그분이 저에게 〈PRISM OF〉를 100호까지만 하라고 하시더라고요. 한번 시작했으니까 세 자리는 찍고 끝내라고 하셨는데, 농담 반 진담 반이었지만 뒤통수를 맞은 거 같았어요. 매거진은 발행 호 수가 힘이라고 하시더라고요.

삼례문화예술촌은 1920년대 일제 강점기에 지어진 양곡창고를 완주군이 국비·군비를 들여 2013년 6월 복합문화공간으로 꾸민 곳이다. 책공방 등 7개 문화시설이 모여 있다. 이 중 책공방은 김진섭 대표가 책을 만들고, 누구나 책 만드는 문화를 체험할 수 있는 공간이다. 김진섭 대표가 20여 년간 모아 온 인쇄 관련 기계 80여 종과 책만드는 도구 1000여점을 한 자리에 모아둔 곳으로 '책 문화 체험'의 성지로 불리는 책공방북아트센터이다. 전국에서 관광객이 몰리는 '핫플레이스'였지만, 지금은 안타깝게도 완주군과 수탁업체와의 계약 문제로 인하여 문을 닫았다.

[출처: 중앙일보] "7년 헌신했는데 나가라니…" 삼례예술촌 책공방 사제의 눈물(2019.12.12)

베   서상민   그 말은 정말 맞아요.

프   유진선   매거진은 발행 호의 숫자가 힘이고, 되든 안 되든 한 명도 안 볼 때까지 가도 되니까 세 자리를 채우고 끝내야 된다고 하셨어요. 그 말씀의 뜻을 구체적으로 설명해 주시지는 않았지만 뭔가가 느껴졌어요.

아   윤진   귀인이 찾아오셨군요. 🐻

프   유진선   네. 🐻 〈PRISM OF〉가 본업이 되든, 사이드 잡이 되든, 1년에 한 권만 발행하든 멈추지 않고, 유지만 할 수 있다면 어떤 형태로든 100호까지만 가보자는 생각을 하게 됐죠. 처음에는 모 아니면 도라는 생각을 많이 했거든요.

〈PRISM OF〉가 사이드 잡으로 변하더라도 나의 대학원생이라는 아이덴티티를 통해 학문적으로 얻는 인사이트가 〈PRISM OF〉를 도와줄 수 있으면 좋겠다고 생각했어요.

아   윤진   어떻게 보면 저와 비슷한 선택인 거네요. 그 선택이 저는 회사인 거고, 편집장님은 학교인 거고요.

프   유진선   그래서 항상 극단적으로 바꾸는 거는 안 좋은 거 같아요. 폐간도 마찬가지고요.

매거진이 시간이 지날수록 생명체처럼 느껴지는 거예요. 폐간하려고 생각하니까 생명체를 죽이는 거 같은 느낌이었어요.

베   서상민   저는 폐간도 생각했어요.

프   유진선   아 진짜요?

베   서상민   돈도 안 되고 힘들어서 그만해야겠다는 생각을 했는데, \<bear\> 매거진이 시간이 지날수록 생명체처럼 느껴지는 거예요.

프   유진선   진짜 맞아요.

베   서상민   마치 나의 반려동물처럼 느껴져요. 폐간하려고 생각하니까 생명체를 죽이는 거 같은 느낌이었어요. 지금은 매거진이 저를 주도하고 있다고 생각해요. 마치 고양이 같아요. 😊 매거진에 대한 관심이 줄고 있어서 이성적으로는 폐간하는 게 맞지만 제가 그 판단을 할 수가 없는 거예요.

프   유진선   고양이 같다는 말에 정말 공감해요. 매거진을 발행하면서 나약한 생각을 할 때 너무 미안해요. 주인을 잘못 만나서 고생한다는 생각도 들고요. 🐻

베   그 정도면 호강한 거 같은데. 😊

아 윤진 <hep> 매거진도 회사를 다니시면서 발행하고 계시죠?

헵 남필우 맞아요. <hep> 매거진은 원래 10호까지만 생각한 프로젝트예요. 필름 사진이 주는 느낌도 천천히 흐르는 느낌이 있고, 담기는 사진들도 과거인지 현재인지 시기를 알 수 없는 사진들이니까요. 매거진은 만들고 싶어서 하는 건데, 욕심을 부리면 오버 페이스가 될 거 같았어요. 그래서 어떻게 되든 1년에 2권씩 10호까지는 발행해 보자고 생각하고 있어요. 저도 매거진이 인격처럼 느껴진다는 것에 동의해요. 근데 <hep>이 1호 때 반응이 너무 좋아서 2호 때 인쇄 부수를 2배로 늘렸는데, 아직 재고 남아있는 모습을 보면 내가 뭘 잘못했나?라는 생각도 해요.😅

프 유진선 첫째는 빨리 걸었는데 너는 왜 이렇게 느리니.🐻

헵 남필우 2호는 1호 때 보다 제가 좋아하는 독립서점에 더 많이 들어가 있고, 좋은 리뷰도 많은데 아직 재고가 남아 있는 거는 제작 수량이 많아서인 거 같아요. 2호의 판매량이 나쁘지는 않은데, 재고가 있으니 선뜻 다음 호를 못 만들겠더라고요. 독립 서점에서는 매거진의 2-3개 이슈가 같이 있으면 더 잘 팔린다고 하더라고요. 마음에 들면 다른 이슈도 같이 살 수 있으니까요. 그래서 1호 재발행 요청이 꽤 있었는데, 오늘 대화를 나눠보니 재인쇄는 안 해야 겠어요.😄 지금 다니고 있는 회사에서 매거진을 만드는 작업을 하고 있는데, 책 편집하는 작업을 정말 좋아하는데 일이 되니까 어느 순간 정말 하기 싫은 시기가 오더라고요. 일은 점점 많아지고, 욕심도 늘다 보니까 계획대로 진행되지 않고, 대처도 제대로 못 하게 되더라고요. 혼자서 모든 것을 다 하다 보니까 지쳐서 <hep>에 대한 집중도도 떨어졌어요. 그때 도와줄 수 있는 멤버 한 명만 있었으면 좋겠다고 생각했어요. 그러다가 정신을 차리게 된 계기가 카페에서 우연히 필름 카메라를 메고 있는 두 분이 <hep>에 대해서 대화를 나누는 것을 듣게 됐어요. "필름 사진 매거진 <hep>이라고 있는데 1호를 사서 봤더니 너무 좋았어. 2호도 나왔는데 너도 좋아할 거 같으니, 내가 사줄게. 같이 독립 서점 가보자"라는 대화를 들었을 때 "제가 사드릴게요"라고 말씀드리고 싶었어요.😊 이 대화를 듣고 집에 와서 지쳐 있던 마음을 다잡고 처음 매거진 신나게 만들었던 마음을 되새기면서 3호 작업을 했는데 너무 재미있더라고요. 리프레시가 된 계기였던 거 같아요. 매거진 작업 중에서 항상 가장 큰 고민이 표지인데, 오늘 아침에 3호 표지를 확정했어요. 3호의 표지 확정 소식을 매거진에 참여하신 분들께 알려드렸더니 응원을 주셔서 또 힘을 얻을 수 있었어요.

베   서상민   <hep>은 필름 사진 콘셉트를 정말 잘 잡은 거 같아요. 점점 필름 카메라에 대한 관심이 많으지잖아요. 그리고 <hep> 매거진 인기 많으시잖아요. 잘 팔리는 거 다 아는데.😊

헵   남필우   지금까지는 오프라인에서 독자들을 만날 수 있는 기회가 없었는데, 앞으로 가능하면 오프라인 행사에 참가해서 인사하고 설명을 드리는 시간을 갖고 싶어요.

페   김남우   오프라인에서 독자들이 <hep> 편집장님을 만나면 다들 좋아하실 거 같아요. <hep>과 편집장님의 이미지가 잘 어울려요. <favorite>은 여성들이 만든다고 생각하시는 분들도 많으세요.

헵   남필우   표지를 보면 그런 느낌이 들어요.

베   서상민   <hep> 매거진은 감성감성 하잖아요. 그런데 실제로 편집장님을 처음 봤을 때 약간 거칠어 보였는데, 대화를 나눠보니 역시 감성감성하시네요.😊

매거진은 끌고 나가는 사람이 있는 게 맞다고 생각해요. 이끄는 사람이 없으면 아이덴티티를 놓치게 되거든요.

페 김남우 오늘 서로 처음 만나시는 편집장님들도 계신데, 서로 첫인상이 어떠셨어요? 다들 매거진을 통해서 상상했던 이미지들이 있었을 거 같아요.

헵 남필우 오늘 제가 두 번째로 왔거든요. 문을 열고 들어오는데 <bear> '서상민' 편집장님이 제일 먼저 오셔서 앉아계셨어요. 얼굴을 뵙는 거는 처음인데, 첫 인상이 영화에 나오는 강한 남자 배우 느낌이었어요. 그래서 와일드하실 거 같다고 생각했는데, 대화를 나눠보니까 아이스크림처럼 소프트하신 거 같아요. 😊

프 유진선 다들 이미지가 매거진 편집장과 잘 어울리세요.

베 서상민 진짜로 자기 개성들이 있어요.

페 김정현 누군가가 시켜서 하는 게 아니고, 돈을 보고하는 게 아니다 보니까 매거진을 만드는 사람의 성향이 진하게 묻어나는 거 같아요.

프 유진선 〈favorite〉의 두 분도 정말 잘 어울리세요.

베 　서상민　<favorite>의 두 분이 정말 부러워요. 혼자 작업을 하면 외롭고, 마음이 안 맞는 사람과 같이 작업을 하면 괴로워요. 그런데 두 분은 정말 친하고 잘 맞는 거 같아요. 마음이 맞는 사람과 같이 작업을 하는 게 정말 어려워요.

프　유진선　그런 사람을 만나기가 진짜 어려워요.

페　김남우　놀기도 하고 일도 하면서 왔다 갔다 퐁당퐁당을 같이 할 수 있으니까 그게 진짜 좋은 거 같아요.

아　윤진　무슨 일이든 다 PM(Project Manager)이 있는 이유가 있어요.

페　김정현　한 명이 끌고 가고, 다른 한 명이 받쳐주면 좋은데, 서로 끌고 가고 싶어 하면 답이 안 나오는 거 같아요.

베　서상민　매거진은 끌고 나가는 사람이 있는 게 맞다고 생각해요. 그렇지 않으면 진행이 안돼요. 이끄는 사람이 없으면 아이덴티티를 놓치게 되거든요. 가장 중요한 개성을 잃으면 끝이에요. 그거를 잘 유지하려면 누군가는 끌고 가야죠.

아　윤진　<Achim>에 일러스트와 사진이 같이 들어가는데, 제가 결정해야 되는 게 힘들었어요. 그래서 촬영을 할 때 멤버들이 다 모여서 현장에서 최대한 의견을 물어본 다음에 결정해요. 제가 결론을 내리지 않은 상태에서 멤버들에게 의견만 물어보는 거는 의미가 없는 거 같아요.

페　김정현　다수의 피드백을 받는 건 좋은데, 결정을 할 때는 심도 있게 고민한 소수가 하는 게 맞는 거 같아요. 저희가 매거진 수업을 진행할 때도 많은 분들의 의견과 반응을 보는 건 좋은데, 결정은 본인이 하라고 해요. 그 결정이

틀릴 수도 있고, 맞을 수도 있어요. 본인의 결정을 통해서
만들어지는 결과물을 보고 발전시켜 나가는 게 중요한 거
같아요. 만약에 본인이 결정을 하지도 않고, 다른 이의
결정으로 결과물이 안 좋게 나왔을 때 남 탓을 하는 건
편집장으로서 역할을 못하는 거라고 생각해요. 편집장은
되든 안 되든 잘 끌고 가서 만약에 결과가 좋지 않으면
다음에 더 잘하면 돼요. 결과가 좋으면 계속 유지하면
되고요. 주변 피드백에 너무 많은 신경을 쓰지 않는 게
좋은 거 같아요.

프 유진선 저희는 주제로 선정한 영화에 대해서 안팎으로
의견이 많았어요. 예를 들면 저희 독자들은 좋아할 영화일
거 같아서 주제로 선정했는데, 대중적이지 않은 영화일 수도
있어요. 그래서 어느 영화를 주제로 했을 때 〈PRISM OF〉는
왜 이렇게 '마이너한 영화를 주제로 해?'라는 얘기를 종종
들어요. 이 부분에 있어서 처음에는 정말 고민을 많이
했는데, 지금은 저와 독자분들이 좋아할 영화를 선정해요.
이것도 결국 제 결정이에요. 독자분들과 교감을 통해서 아는
데이터이지 누군가가 줄 수 있는 데이터가 아니거든요.

헵 남필우 작업을 보여줘서 의견을 듣고 싶은 사람이 있으면
포인트를 집어서 얘기해요. 저는 폰트를 좋아해서 폰트에
대한 피드백을 많이 받아요. 어렸을 때 미군 부대 근처에서
살았는데, 그 당시에 사용했던 전자 제품들은 도란스(변압기
인 트랜스의 일본식 발음)에 끼워서 사용하는 것들이었어요.
그 시절 전자 제품의 패키지를 많이 보고 자랐는데, 글자가
나열되어 있는 모습이 멋있다고 생각했던 거 같아요. 그래서
제가 폰트로 활용하는 작업을 즐겨 하는데, 사용하고 싶은
폰트로 좋아하는 느낌을 구현했을 때 이쁜지 안 이쁜지
말고 디테일을 봐달라고 해요. 안 이쁘다고 해도 저는
그렇게 할 거니까요.😉 그냥 의견을 다 던지고 물어보면
피곤해져요.

프   **유진선** 아버지가 자꾸 저에게 서부영화 코너를 만들라고
하세요. 본인이 좋아하니까. 🐻

아   **윤진** 1호부터 지금까지 <Achim>을 발행하면서 글을
쓰면 무조건 엄마한테 보여줘요. 항상 엄마가 첫 독자예요.
근데 엄마는 딸이 뭘 해도 좋으니까, 글이 좋고 잘 읽힌다고
계속 좋은 얘기만 해 주는 거예요. <Achim>의 모든
과정을 다 아는 친한 친구도 처음에는 계속 응원을 해
줬는데, 갈수록 빨간펜 선생님이 되더라고요. 그래서 점점
안 보여주게 돼요. 보여주는 대상을 잘 정해야 작업물에
침해가 없는 거 같아요.

베   **서상민** 다들 부모님이 관심 가져 주시고 좋네요. 저는
부모님은 물론이고 친구들도 저를 카페 주인으로 알아요.
10년 넘게 책을 만들고 있는데, 제가 만드는 책과 매거진에는
정말 조금도 관심이 없어요. <bear>가 뭔지도 몰라요. 그냥
저는 카페 주인이에요. 그거만 기억이 나나 봐요. 😉

프   **유진선** 지난주에 친구들을 만났는데 저한테 '너 그래서
잡지 이름이 뭐랬지?'라고 물어보는 거예요. 🐻

페   **김정현** 저는 친구들한테 매거진 소식을 아예 알리지
않아요. 연락을 하면 뭔가 설명을 해야 되는데, 설명을
해도 듣지를 않아요. 😉 하더라도 의미 없이 물어보고
의미 없이 답을 하게 되더라고요. 영양가 있는 피드백을
줄 수 있는 사람의 이야기를 듣는 게 맞는 거 같아요.

헵   **남필우** 어렸을 때부터 만나온 친구들은 취향보다는 오래
된 추억이 더 크게 작용하잖아요. 예전에 제가 밴드 활동을
했을 때 음반이 나와 흥분한 상태로 친구들에게 알려주고
음반도 줬는데 전혀 관심이 없더라고요. 😉 그래서 <hep>
을 창간했을 때는 별다른 이야기를 안 했어요. 그랬더니

그런 소식도 이야기 안 한다며 섭섭해 하더라고요.

페 김남우 섭섭해하는 거면 관심이 있는 거네요.

프 유진선 제 친구들도 섭섭해 했으면 좋겠어요.

헵 남필우 그래서 친구들을 만날 때 <hep> 매거진을 챙겨서 나갔어요. 정기모임에 오랜만에 참석해서 정성껏 포장한 매거진을 나눠줬죠. 그런데 친구들이 술에 취해서다 놔두고 가는 거예요. 결국 관심이 없었던 거죠. 지금 각자 무얼 하며 사느냐보다는 어렸을 때 재밌었던 서로의 추억을 공유하며 이야기하는 것만으로도 즐거운 친구들이니까요.
사회에서 만난 사람들 중에 감성과 취향이 잘 맞는 사람들도 있지만, 오래된 친구들을 너무 잊고 살면 안 되겠다는 생각을 많이 해요. 정말 힘들고 아무것도 하기 싫을 때는 그래도 오래된 친구들이 제일 먼저 생각나더라고요.

매거진을 만들면서 다른 매거진의 편집장님과 대화할 수 있는 계기가 없더라고요. 매거진의 존재만 알지 사람의 존재는 잘 모른다는 게 아쉬웠어요.

프   유진선   예전에 들었던 말인데, 매거진을 만드시는 분들은 동료끼리 사적으로 친해지거나 힘이 돼주는 친분 관계가 드물다고 하더라고요. 제가 배울 사람도 없고, 가르쳐 주는 선배도 없다고 했더니, 그 말을 들으셨던 분이 원래 매거진은 다들 그렇게 만든다고 하셨어요. 🐻

페   김정현   할 게 많고, 바빠서 그런 거 같아요. 많은 것들에 대한 결정을 해야 하니까 자기 시간이 확실하게 있어야 하잖아요. 그리고 나머지 시간은 매거진 작업을 위한 인터뷰, 기고 글, 취재 등을 혼자 또는 소수가 하다 보니까 정말 바쁜 거 같아요. 작가분들끼리 친한 모습은 종종 봤는데 편집장님들끼리 친한 모습은 거의 못 본 거 같아요.

프   유진선   맞아요. 작가분들끼리는 정말 친해요.

베   서상민   저는 낯을 많이 가려서 인간적인 관계나 대외 활동을 그렇게 좋아하지 않아요. 그냥 저자로서 모습이 좋아요. 그런데 다행인 거는 저희 대표님께서는 사람들 만나는 거를 좋아하세요. 대표님 덕분에 다행히 대외 활동을 많이 하게 됐어요. 오늘처럼 술 한잔하면서 대화하는 자리가 1년에 한두 번 있을까 말까 한 정도예요. 일을 제외하고는 거의 집에만 있어요.

프 **유진선** 저도 낯을 많이 가리는 편이고, 매거진을 만들면서 바쁜 거도 있지만 사회성을 메일링에 다 써버리는 거 같아요. 인사 글에 대한 고민, 상대방이 기분 나쁘지 않게 부드럽게 요청할 수 있는 표현, '부디 바쁘신 와중에 긍정적인 검토를…'이라고 메일을 적고 나면 기운이 다 빠져요. 오늘처럼 불러 주지 않으면 누군가를 만나려고 하지는 않아요.

베 **서상민** 저도 불러주면 잘 나가는데 아무도 안 불러줘요.😅

페 **김남우** 제가 자주 부르겠습니다.😅

프 **유진선** 오늘 〈favorite〉에서 정말 드문 자리를 만들어 주신 거예요.

아 **윤진** 정말 맞아요.

베 **서상민** 이런 자리가 정말 없죠.

페 **김정현** 저희도 매거진을 만들면서 다른 매거진의 편집장님과 대화할 수 있는 계기가 없더라고요. 페어에서 마주치더라도 너무 많은 사람들이 있어서 정신이 없고, 대화를 하기도 힘들어요. 가끔은 인사를 했는데 상대방이 헷갈리거나 기억을 못 할 때도 있고요.

프 **유진선** 〈favorite〉은 두 분이 계시기 때문에 어느 분을 봤던 건지 헷갈리시는 분들도 있을 거 같아요.

페 **김정현** 어떤 때는 한참을 얘기했는데 '과연 이 사람이 날

알까?'라는 생각이 들 때도 있어요. 더구나 페어에서는 준비할 거도 많고, 부스도 챙겨야 하니까 너무 정신이 없어요. 페어에 계속 참가하다 보면 다른 팀들이랑 친해질 줄 알았는데 아니더라고요. 이 부분이 좀 아쉬웠어요. 같이 대화하고 싶은데 상황이 안되니까. 10년을 꾸준히 참가해도 모르는 팀이 정말 많을 거 같아요.

프 **유진선** 같이 일을 하지 않으면 대화할 수 있는 계기가 없는 거 같아요.

페 **김정현** 서로 매거진의 존재만 알지 사람의 존재는 잘 모른다는 게 아쉬웠어요.

베 **서상민** 매거진을 만들면 만들수록 힘들잖아요. '다들 정말 힘들겠다, 나도 이렇게 힘든데, 다들 정말 고생한다'라는 마음이 항상 있어요. 서로가 궁금하고 동질감도 느끼는데, 같이 모여서 뭔가를 할 수 있는 기회는 전혀 없는 거죠. 마음 한편만 가지고 있는 거 같아요.

헵 **남필우** 저 같은 경우는 <hep>을 창간하기 전부터 오늘 모이신 편집장님들의 매거진을 알고 있고 다 보기도 했어요. 근데 저는 이제 2호가 나왔는데 '오늘 모임에 껴도 되는 건가?'라는 생각을 했어요. 오늘 이렇게 함께 할 수 있는 자리에 초대해 주셔서 정말 벅찼어요.

프 **유진선** 어차피 아무도 안 만들던 자리여서 지금 다 새롭게 낀 거예요.

아 **윤진** 이게 뭐 기수가 있는 것도 아니고.

헵 **남필우** 기수가 있다면 제가 신입이죠.

베 　서상민　다들 선배님들이시니까 깍듯하게 하세요.😌

헵 　남필우　네, 알겠습니다.😌

페 　김남우　'남필우' 편집장님 고개 돌리고 원샷 하셔야 될 거 같은데요.😌 저는 개인적으로 편집장님들을 모셔서 진행했던 토크가 정말 좋았어요. 저희도 매거진을 만들기 전부터 관심을 가지고 봤던 분들이시고 궁금했는데, 저희가 만든 을지로「ffavorite」공간에 모셔서 대화를 하니까 정말 감사하고 영광이었어요.

지금 시대에 각자의 콘텐츠로 매거진을 만들어 나가고 있는 편집장님들의 생각과 고민을 잘 담아서 책으로 보여주고 싶었어요.

페　김정현　매거진을 만드는 사람의 얘기를 들을 일은 별로 없더라고요. 매거진은 보통 다른 사람의 얘기를 많이 전달하지 본인 얘기는 잘 안 하잖아요. 본인에게 포커싱 되는 경우가 드물다 보니까 매거진을 만드시는 분들을 만나고 싶었어요. 우리는 이렇게 힘들게 만들고 있는데 다들 어떻게 매거진을 만들어 나가시는지도 궁금했고요.

페　김남우　너무 힘들 때는 우리가 매거진을 만드는 방식이 맞는 건지 의심할 때가 많아요.😊

프　유진선　이런 거를 확인받을 데가 정말 없어요.

베　서상민　오늘 다 힘들게 만든다는 거 알았으니까 됐어요.😊

페　김정현　저희가 잘 가고 있는 건지, 잘 못 가고 있는 건지 판단할 수 있는 기준이 없어요. 매거진에 담긴 이야기도 좋지만 만든 사람의 생각과 고민에 대해서도 항상 궁금하거든요. 그래서 각 매거진의 편집장님들의 이야기를 <favorite>의 주제로 정해볼까도 생각했어요. 재미있을 거 같은데 과연 사람들이 그 이야기를 좋아할지에 대해서는 확신이 들지는 않더라고요.

베   서상민   사람들이 좋아할 거 같아요. <JOBS>의「에디터」편도 반응이 좋았잖아요.

페   김남우   그래서 매거진 편집장님들 토크를 진행하게 됐는데 정말 좋았어요. 같이 나누었던 대화가 너무 좋아서 토크 행사에 오셨던 분들하고만 공유하는 게 아쉬울 거 같더라고요. 대화를 소장하고 싶었어요. 매거진에 관심 있으신 분들에게 편집장님들의 이야기를 더 많이 전달할 수 있는 방법을 고민하다가 단행본 제작 계획을 말씀드리게 됐죠. 지금 시대에 각자의 콘텐츠로 매거진을 만들어 나가고 있는 편집장님들의 생각과 고민을 잘 담아서 책으로 보여주고 싶었어요.

아   윤진   정말 오늘 종이 고르는 얘기부터 시작해서 교정 얘기까지 진짜 할 얘기가 많은 거 같아요. 🍋

만드는 팀에 대한 팬층이 있으면
결과물까지 관심이 이어지더라고요.

프   유진선   매거진을 만들다 보면 내가 작가가 아니라 편집을
하는 사람이라는 인식이 굉장히 강해지는 거 같아요. 그래서
내가 만든 콘텐츠 앞에 나서는 게 꺼려질 때가 있어요. 내가
만든 편집물에 나의 개인성이 누가 될 거 같거든요.
매거진의 콘텐츠에 집중해서 내가 구축한 브랜드 이미지로
계속 가는 게 좋은 거 같아요.

페   김정현   내 생각이 들어갈까 봐 걱정되시는 건가요?

프   유진선   작가분들이 책을 만들었을 때는 작가 개인이
브랜드가 될 수 있지만 매거진이 '누구의 매거진'이라는
이름이 붙는 건 리스크가 큰 거 같아요. '누구의 매거진'을
알리고 싶었으면 애초에 매거진이 아닌 작가가 되었겠죠.
매거진을 만든다는 거 자체가 그런 거에 끌려서 만든
사람들이 아니라서 더 자기 얘기를 굳이 하지 않고, 다른
매거진의 편집장님 얘기도 안 물어보고 다니는 거 같아요.

베   서상민   너무 공감이 돼요. <bear>는 인터뷰이들만 드러
나는 게 목적이어서 만드는 사람은 조금도 드러나면 안 된다는
것을 중요하게 생각했어요. 그런데 지금은 매거진을 위해서는
드러내는 게 맞는 거 같다는 생각을 요즘 하고 있어요.

헵   남필우   만드는 팀에 대한 팬층이 있으면 결과물까지 관심이 이어지더라고요.

베   서상민   지금은 사람이 매력적이지 않으면 사람들이 관심을 가지지 않아요. 그래서 만드는 사람들이 목소리를 내는 게 맞는 시대인 거 같아요. 저는 절대 저를 드러내는 사람이 아닌데, 독자들이 드러내기를 원하더라고요. 독자들이 원한다면 내 목소리가 이상하더라도 목소리를 더 내야 되는 건가에 대해서 고민하고 있어요. 예전에는 에디터의 주관을 배제하려고 했는데, 지금은 개성을 담으려고 해요. 에디터의 시각으로 재미있게 해석해서 톤을 계속 바꾸려고 해요.

페   김정현   일본의 유명한 편집숍인 「BEAMS」는 코로나 이후에, 「BEAMS」 스태프들 각각의 개성을 살려서 소개하는 엔터테인먼트로 변하고 있다고 해요. 스태프들의 개성을 더 살릴 수 있도록 「BEAMS」가 에이전트 역할을 하는 모습이 인상적이었어요. 지금은 개성이 정말 중요한 거 같아요.

조직의 피라미드에서 실무자들이 느끼는 트렌드가 위로 올라갈수록 트렌드가 아닌 게 되는 거죠.

베 서상민 시대가 변했다는 것을 대형 출판사는 저희보다 훨씬 더 느끼고 있을 거예요. 정말 위기이니까요. 영상 콘텐츠에 보수적이었던 출판사들도 지금은 다들 유튜브에 뛰어드는 거 같아요. 큰 회사일수록 유지하지 못하면 바로 기울어지니까 훨씬 더 절박한 거죠.

프 유진선 대형 출판사에서 트렌드에 맞는 감각과 디자인으로 유명한 작가의 책을 발행하면 많은 대중들이 관심을 두는 거 같아요. 아무래도 대형 출판사는 독립 출판에서는 한계가 있는 공인된 퀄리티가 있거든요.

베 서상민 신기한 게 지금의 트렌드는 가벼움인데, 진지하고 무거운 것을 원하는 독자들도 늘고 있어요.

프 유진선 어느 대형 출판사에서 발행하는 문학 매거진은 발행 부수가 7천 부로 알고 있어요. 독립 출판과는 규모 자체가 아예 다른 거 같아요.

베 서상민 투자를 생각하면 수익이 나는 건 아닐 거예요. 그렇게 보면 독립 출판의 매거진이 수익적으로는 더 좋을 수도 있어요.

헵 남필우 대형 출판사는 당장의 수익보다는 투자를 하는 거일 수도 있어요. 교보에서는 교보문고를 우리나라 문화에 기부한다는 생각으로 운영한다고 해요. 교보문고는 우리나라에서 제일 큰 서점이고, 긍정적인 효과가 어마어마하게 크니까요. 먹고 살만하면 예술로 눈을 돌린다는 얘기가 있듯이, 투자사들도 포트폴리오의 다양성을 위해서 예술을 꼭 넣더라고요. 대형 출판사에서도 그런 개념으로 만드는 책들이 있는 거 같은데, 독립 출판을 위협하는 단계까지는 못 오는 거 같아요. 독립 출판이 가진 개성이 인기가 너무 많은 거 같아요.

프 유진선 큰 조직일수록 업계 가장 끝까지는 못 오는 거 같아요. 조직의 피라미드에서 실무자들이 느끼는 트렌드가 위로 올라갈수록 트렌드가 아닌 게 되는 거죠. 그리고 트렌드보다는 수익성이 더 중요하기 때문에 움직이는 영역이 다른 거 같아요.

페 김정현 해외 인디와 국내 인디의 차이처럼 대기업이나 큰 회사가 만든 히트는 전 국민이 다 알 정도의 유행인데, 우리는 정말 소수가 좋아하고 빠르게 변하는 모습이 유행이라는 게 다른 거 같아요.

프 유진선 《PRISM OF》가 한 호에 하나의 영화만 다룬다는 게 누군가가 정말 따라 하기 좋은 콘셉트라고 생각했어요. 영화에 대해서는 누구나 얘기할 수 있고, 하나의 영화에 대해서만 얘기하는 사람들이 많으니까요. 그래서 규모가 있는 곳에서 할 줄 알았는데 안 하더라고요. 돈이 안 된다고 생각하는 거 같아요. 대기업 담당자들과 일과 관련된 미팅을 한 적이 있는데, 《PRISM OF》를 소비자로서 보시더라고요. '우리도 해볼까?'가 아니라 '와~ 너무 이뻐요. 사고 싶어요'가 되는 거죠. 대기업에서 모든 콘텐츠를 직접 만들 수는 없으니까, 협업 할 팀들을 찾는 거 같아요.

베 서상민 저희도 예전에 잘나갈 때는 대기업과 미팅을 많이 했어요. 지금은 전혀 없지만.😊 재미있는 거는 대기업들은 지금의 유행을 잘 알고, 독립 문화에도 관심이 많아요. 그런데 콜라보 프로젝트를 진행해 보면 의사 결정은 기업에서 하니까 결과도 기업의 스타일로 맞춰지는 거 같아요. 감각 좋은 팀과 작업을 하면서 기업의 방식대로 결정을 하는 게 딜레마인 거 같아요. 큰 기업일수록 새로운 디자인이 안 나오는 이유도 이 때문인 듯 하고요.

매거진이라는 단어가 환상적이고 매력적으로 다가가는 거 같아요.

프 **유진선** 매거진이 힘든 거 알면서도 뛰어든 거 같아요. 그리고 누군가는 여전히 이 판에 뛰어들고 싶어 하는 사람도 많고요.

베 **서상민** 그러네요. 기고를 하고 싶다는 메일을 많이 받아요.

아 **윤진** 저는 인턴을 해보고 싶다는 분도 있었어요.

프 **유진선** 〈PRISM OF〉가 엄청 큰 출판사인 줄 아시는 분들도 계세요. 어떤 분들은 이력서를 보내주시기도 하고요.

페 **김남우** 영화 기자가 되고 싶으신 분들도 많잖아요.

프 **유진선** 그런 분들은 오히려 현실감이 있으세요. 영화 기자나 영화 비평을 업으로 삼으려고 하시는 분들은 우리나라에서 글로 돈을 벌기 힘들다는 현실을 잘 알고 계세요. 반면 매거진에 관심이 있는 분들에게는 매거진이라는 단어가 환상적이고 매력적으로 다가가는 거 같아요.

베 **서상민** 면접을 볼 때 매거진에 막연한 환상을 가지고 계시는 분들은 솔직히 부담돼요. 매거진을 잠깐이라도 경험해 보면 금방 현실을 알 수 있어요.

페   김정현   환상이 있으신 분들에게는 현실을 제대로 얘기해 줘서 판단하도록 해야 되는 거 같아요.

아   윤진   약간 꼰대가 될 수도 있겠네요. '이 정도는 해야 되는데 가능하겠냐? 나는 했다' 이런 식으로. 🐻

헵   남필우   꼰대가 멀리 있지 않은 게, 본인의 기준이 확실히 서는 순간 꼰대의 모습과 비슷해지는 거 같아요.

동료애를 만드는 게 처음에는 열정으로 가능했는데, 동등한 열정을 가질 수 없다는 것을 깨달았어요.

베   서상민   오늘 대화를 나누면서 놀라운 게 다들 협업을 잘하시는 거 같아요. 저희는 에디터가 따로 있어서 글 외에 사진이나 디자인, 그 외 자잘한 일은 다 제가 해요. 외주를 맡길 돈이 없기 때문에 웬만한 거는 제가 직접 하거든요.

프   유진선   그것도 스킬이 있으시니까 가능하신 거죠.

베   서상민   닥치면 다 하게 돼요. 위기가 오면 몸이 먼저 반응하거든요.😊

아   윤진   사진, 일러스트, 디자인 등의 영역에 많은 돈을 쓸 수가 없어요. 그래서 지인들의 능력이 큰 힘이 되는 거 같아요.

베   서상민   저희는 출판사랑 카페를 운영하고 있으니까 기업이라고 생각하시는 분들도 계세요. 현실은 돈을 벌기 위해서 할 수 있는 것들을 계속 고민하고 있거든요.😊 적자가 나면 저희 대표님이 이번에 강의 몇 개 하라는 오더가 내려와요.

헵   남필우   저는 매거진을 만들 때 섭외와 디자인을 포함해서 대부분의 작업을 제가 다 하기 때문에 돈이 많이 들어가지는 않아요. 그런데 현장에서 인터뷰를 진행할 때 필름 카메라로 촬영하다 보니 필름비와 현상비, 진행비를 챙겨드렸는데, 많이 챙겨 드리지 못해서 미안한 마음이 많이 들더라고요.

프 유진선 〈hep〉이 잘 팔려서 미안한 거예요. 안 팔리면 미안한 감정이 들어올 여유도 부족해요.

베 서상민 적자면 담담해지죠.

아 윤진 좋은 마음으로 참여한 거니까 그 마음이면 충분한 거죠.

헵 남필우 매거진에 이름이 실리는 것만으로도 대부분 만족할 거라고 생각했는데, 그렇지 않은 경우도 있는 것 같아요.

프 유진선 애정을 엄청 쏟아서 만드는 매거진이기 때문에 누군가의 이름을 올려주면 그 사람은 좋아할 거라고 생각하는데 그게 아닐 때가 있어요. 그 사람은 나만큼 매거진에 집중을 하는 게 아닌데, 내가 괜히 더 참여시키려다가 마음이 충돌될 때가 있더라고요.

아 윤진 '왜 나만큼 생각 안 하지?'라고 느껴질 때가 있어요.

프 유진선 요청하지 않은 마음을 내가 써 놓고는 나중에는 '이름이 올라갈 거면 이 정도는 해줘야 되는데'라고 생각하게 돼요.

페 김정현 우리가 편집장으로서 만들고 있는 매거진들이 마치 자식처럼 어떻게든 이쁘게 보이려고 노력하는데, 그분들에게는 많은 일 중 하나이니까요. 여기 계시는 편집장님들은 제작자, 편집장, 작업자 역할뿐만 아니라 자잘한 일까지 다 하다 보니까 다른 사람이 이만큼의 열정을 쏟기에는 어려운 거 같아요.

헵 남필우 오늘 이 자리에서 나누는 대화들로 정말 많이 배우고 느끼는 점도 많은 것 같아요. 지금 3호를 준비하고 있는데, 작은 문제가 생겨서 발행 일정을 변동해야 하는 상황에 직면해있거든요. 그래서 저도 모르게 도움을 받고 있는 친구와의 전화 통화에 제 감정이 쏟아져 나와버렸어요. 그런데 오늘 편집장님들과 대화를 하다 보니, 친구는 당연히 <hep>을 대하는 입장이 저와는 다를 수 있겠다는 생각이 들어요. 다시 생각해 보니 애초에 일정을 제대로 컨트롤 못한 제 잘못인데, 친구에게 화를 내버렸네요.😌

프 유진선 매거진을 만드는 기간 동안에는 제작에 참여해 주신 분들에게 스트레스를 받을 수도 있는데, 나중에는 마음이 풀리더라고요. 오히려 매거진을 발행한 뒤에 밖에서 나를 괴롭히는 요소들이 정말 많은 거 같아요. 판매량이 가장 큰 스트레스가 될 수도 있고요. 미팅을 할 때도 내가 만들고 있는 매거진과 콘텐츠에 공감을 하지 못하는 사람을 만나면 기운이 빠져요. 그런데 제작에 참여해 주시는 분들은 공감을 해 준 거니까 스케줄이 딜레이 되더라도 감사하죠.

헵 남필우 전 이미 풀렸어요. 친구에게 괜히 감정을 쏟아낸 거 같아요. 이제 잘해 주려고요.😌

아 윤진 저는 이번에 처음으로 <Achim> 촬영을 집에서 했어요. 같이 작업하는 분들이 정말 바쁘셔서 시간을 맞추기가 어려웠거든요. 제대로 된 회의도 못 하고 촬영을 했어요. 예전 같으면 다 같이 으쌰으쌰 하면서 진행을 했는데, 촬영하기 전날까지 아무런 계획이 없는 거예요. 제가 정한 주제에 비주얼을 담당하는 역할이 친언니이다 보니까 계속 재촉을 했어요. 어떻게 할 거냐고 물어보면서 제가 역으로 시안을 언니에게 보여주고 있는 거예요.

그런데 언니가 아무런 피드백이 없었어요. 그렇게 결국 촬영 날이 왔는데, 서로의 합이 좋으니까 현장에서 잘 진행할 수 있을 거라고 생각했는데 아니더라고요. 각자의 본업에 압도되어 있어서 진행이 잘 안 되는 거예요. 그러면 제가 나설 수밖에 없는 거잖아요. 제가 구체적으로 이런 거를 찍어 달라고 하면 그분들은 본인들이 해야 될 역할을 제가 하고 있으니까 그 상황이 마음에 들지 않는 거죠. 저도 그런 상황을 원하지는 않았고요. 역시나 촬영한 결과물이 마음에 들지 않았어요. 다행히 같이 작업하는 멤버들이 <Achim>을 처음 시작했던 마음을 아는 사람들이니까, 촬영한 결과물에 <Achim> 이름을 붙일 수 없다는 결정에 공감을 하고 다시 촬영을 할 수 있었어요.

프 유진선 그런 부분에서 공감을 해준다는 게 정말 좋네요. 미안해하면서 재촬영을 하지 않아도 되니까요.

페 김정현 보통의 경우에는 그냥 가자고 하거나 다시 촬영해도 큰 차이가 없다고 얘기하거든요.

아 윤진 제 마음을 잘 아는 사람들이어서 재촬영이 가능했던 거 같아요. 제가 <Achim>의 편집장이니까 어떻게든 제가 끌고 가야 되는 거 같아요.

프 유진선 작업 과정에서 상대방에게 화가 나더라도 마지막에는 내 탓으로 돌아오는 거 같아요. 내가 미리 얘기를 해주거나 체크를 한 번 더 하거나, 일정을 더 빨리 잡거나, 관리를 더 했어야 된다고 생각하게 되더라고요.

베 서상민 직원들에게 의견을 물어보면 다 좋다고 해요. 결국 어떤 것을 결정하고 진행하는 거는 저 혼자 할 수밖에 없어요. 그래서 동료가 있고 동등한 입장에서 의견을 교류할 수 있는 멤버가 있는 게 부러워요.

아   윤진 동료애를 만드는 게 처음에는 열정으로 가능했는데, 동등한 열정을 가질 수 없다는 것을 깨달았어요. 결국 돈을 지급해야 되는 상황이 오더라고요. 같이 작업하는 멤버가 처음에는 <Achim> 작업을 정말 재밌게 했는데, 갈수록 온전히 즐기는 거 같지 않다고 하더라고요. 열정이 줄어든 시기에 필요한 게 돈이라고 생각해서 지난 호부터 큰돈은 아니지만 멤버들에게 페이를 지급하고 있어요. 수익이 많이 나서 돈을 지급하는 건 아니고, 통장의 잔고가 줄어 드는 걸 보면서도 <Achim>을 하고 싶은 게 맞는 건지 저 자신을 스스로 테스트하기 위해서 돈을 지급하기 시작한 거예요. 그렇게 하지 않으면 그냥 이상적인 취미 생활에서 머물다가 끝날 거 같았거든요. 절박한 상황에서 나는 어떤 행동과 태도를 취할지 궁금했던 것도 있어요.

프   유진선 저는 매거진을 시작할 때 빚을 지고 시작해서 갚으려면 매거진 발행을 멈출 수가 없어요. 아직도 갚고 있어요.

베   서상민 빚과 나의 노력이 상관관계가 있어요. 절박할수록 더 노력하게 되고, 마이너스가 될수록 굉장히 열심히 일하게 돼요. 그러면 신기하게 또 돌아가요. 😅

아   윤진 스스로를 더 부지런하게 만드는 채찍 같다는 생각이 들어요.

베   서상민 옛날에 배우 윤여정 선생님이 언제 연기가 가장 좋냐는 질문에 입금이 되었을 때 연기가 가장 잘 나온다고 하셨어요. 😅 그게 정답인 거 같아요. 마이너스가 커질수록 신기하게 노력하게 되더라고요. 가장 무서운 게 돈 없는 디자 이너라고 생각해요. 닥치면 정말 뭐든지 할 수 있더라고요.

페   김정현 배가 부르면 디테일한 감정을 못 느끼거든요.

협업을 할 때 서로의 영역을 존중하고, 욕심 때문에 침범하지 않으려고 해요.

헵   **남필우**   아기가 없을 때 외주 작업을 많이 했는데, 그러다 보니 주말에 와이프랑 같이 못 노는 게 한이 되는 거예요. 이 돈 벌어서 무슨 부귀영화를 누리겠냐고 생각해서 외주 작업을 안 받고 와이프랑 놀았는데, 지금은 외주 일을 다시 찾고 있어요.😅

페   **김정현**   이상하게 외주 일이 적당히 안 들어오고, 많이 들어 오거나 아예 안 들어와요.😅

헵   **남필우**   아기가 생기니까 외주 일을 하면 금전적으로 조금 더 나을 거 같은데 몇 번 거절하니까 안 들어오더라고요.

베   **서상민**   저희가 딱 그래요. 예전에 <KINFOLK>가 잘 나갈 때 외주 일을 다 거부했어요. 그때는 가족과의 시간을 중요하게 생각해서 많이 놀았거든요. 그러다 보니까 돈이 없었어요. 그래서 요즘은 어떤 일이든 다 해요.😅 정말 작은 일도 해요. 지금은 제가 처음 일을 시작할 때의 마인드예요. 돈이 없으면 그렇게 되더라고요.

프   **유진선**   매거진을 발행하기 위해서 디자인과 같이 필수적인 작업을 외주로 진행해야 되는데, 그 비용을 줘야 되니까 살림을 유지하려고 계속 매거진 판매와 수익에 대해서 고민을 해야 돼요.

아 윤진 저도 디자이너가 아니다 보니까 제가 할 수 있는 역할은 글 외에는 없는 거예요. 그래서 디자이너가 너무 부러워요. 뭐든 할 수 있는 사람이라고 저는 생각하거든요.

베 서상민 정말 의외인 게 <PRISM OF>, <Achim> 편집장님 두 분 다 디자이너인 줄 알았어요. 디자인이 워낙 좋으니까.

아 윤진 가끔 기회가 되면 디자인을 배워보고 싶다는 생각을 해요. 디자인은 정말 너무너무 값진 능력인 거 같아요.

프 유진선 외부의 디자인 스튜디오와 일을 할 때는 제가 가진 매거진의 기획과 콘텐츠, 그리고 빚을 내서라도 발행할 의지와 디자인 스튜디오의 감각이 합쳐져서 시너지가 나는 거 같아요.

아 윤진 서로의 능력과 기술을 탐하는 거 같아요.

페 김정현 잘 맞는 사람을 만나면 확실히 시너지가 나는 거 같아요. 그런데 디자이너들이 종종 내가 할 수 있을 거 같다는 착각을 할 때가 있어요. 그런데 디자이너나 디자인 에이전시에서 자체 브랜드나 상품을 만들었을 때 잘 안되는 경우가 있거든요. 감각과 기술력은 있는데 상품에 대한 기획을 제대로 못 하는 거죠.

프 유진선 협업을 할 때 서로의 영역을 존중하고, 욕심 때문에 침범하지 않으려고 해요. 디자인 스튜디오에서는 글에 대해서 터치를 안 하시고, 저도 디자인은 믿고 맡겨요.

베 서상민 그렇게 작업한 결과물이 제일 좋아요.

프   유진선   디자이너분이 쌓아 오신 경력을 바탕으로 베스트의 결과를 작업하신 거라고 생각해요. 가끔 표현의 이유를 여쭤보면 다 설명을 해주세요. 설명을 잘하는 사람이 디자인도 잘하는 거 같아요.

베   서상민   디자인 잘하는 사람들은 다 이유가 있어요. 잘하는 사람일수록 논리가 있죠. 그래서 의도를 물어봐 주면 되게 좋아해요. 아무도 안 물어보거든요. 😊

프   유진선   디자이너분이 영화를 바라본 시각, 해석한 관점, 작업한 의도를 다 얘기해 주세요. 그러면 저도 공감이 되고 행사를 나가거나 독자분들을 만났을 때 할 말이 있어요. 심도 있게 고민해서 작업을 해 주셨으니 특별히 드릴 수 있는 코멘트가 없더라고요.

베   서상민   <PRISM OF> 디자인이 확 바뀌었는데 너무 좋아졌어요. 독자분들이 정말 좋아할 디자인으로 너무 잘 변화한 거 같아요. 어떻게 보면 디자인이 매거진에서 생명일 수도 있잖아요.

매거진을 만드시는 분들의 얘기를 듣는 거 만으로도 정말 위로가 되는 거 같아요.

아   윤진   대화를 하다 보니까 시간이 이렇게 된 줄 몰랐어요.

페   김남우   지금 몇 시예요?

헵   남필우   7시에 만났는데 지금 11시 반이에요.

페   김남우   11시 반이요? 저는 아직 10시가 안 됐을 거라고 생각했어요.

프   유진선   우리 술을 엄청 많이 깠는데요. 저는 오늘 우리가 이렇게 할 말이 많을 줄 몰랐어요.

아   윤진   근데 왜 아직도 얘기가 안 끝난 느낌일까요?

프   유진선   그렇죠?

페   김남우   이제 2부 해야 될 거 같은 느낌이에요.

프   유진선   다음에는 와인 말고 소주로 대화해요.

페   김남우   소주 좋죠.

프 유진선 오늘 정말 좋은 거 같아요. 밖에 나와서 이렇게 대화할 기회가 없으니까 혼자서 속앓이 하는 게 많았거든요. 그런데 오늘 매거진을 만드시는 분들의 얘기를 듣는 거 만으로도 정말 위로가 되는 거 같아요.

자체적인 일과 외주 일 비중이 반반 정도 돼요. 그런데 외주로 하는 일이 즐겁지는 않죠. 진짜 재미있는 일은 내가 만드는 매거진이죠.

프   유진선   책이라는 것은 완성이 돼야 사람들이 보는지 안 보는지 알 수가 있어요. 그래서 생각이 조금 수동적으로 바뀌었어요.

페   김정현   내가 생각했던 것을 만들었을 때 사람들이 좋아해 준다는 것은 그게 운이든 뭐든 간에 엄청 대단한 거 같아요.

베   서상민   기존 매거진들은 대부분 적자이고, 그 외의 일들로 유지를 하고 있는 상황이에요. 저희도 자체적인 일과 외주 일 비중이 반반 정도 돼요. 그런데 외주로 하는 일이 즐겁지는 않죠. 영혼을 파는 일이고, 돈을 벌기 위해서 하는 거니까요. 진짜 재미있는 일은 내가 만드는 매거진이죠. 매거진을 만들기 위해서는 영혼을 파는 일을 할 수밖에 없어요. 저는 1인으로 작업할 때가 훨씬 재미있었어요. 내가 하고 싶은 거를 마음대로 할 수 있고, 누군가의 월급을 주기 위해서 일을 하지 않아도 됐거든요. 월급을 주기 위해서는 외주 일을 해야 하고, 외주 일을 하기 위해서는 직원이 있어야 되는데 악순환인 거 같아요. 규모를 유지하기 위해서 필요한 일을 해야 되는 힘든 상황이죠. 그런데 독립 출판, 독립 매거진은 돈을 못 벌어도 내가 하고 싶은 것을 마음대로 할 수 있고,

큰 부담을 가지지 않아도 되니까 재미있는 거 같아요.

프　　유진선　누군가에게는 「디자인이음」의 규모를 갖추신 게
　　　　너무 부러울 수도 있어요. 그 규모를 처음 달성했을 때는
　　　　정말 기쁘셨을 거 같아요.

베　　서상민　처음 일을 할 때는 지금의 모습을 너무 꿈꿨죠.
　　　　규모가 더 크고, 직원이 더 많았을 때도 있었는데 지금은
　　　　굉장히 축소된 상황이에요. 직원이 많았을 때와 적었을 때를
　　　　비교하면 지금이 훨씬 좋아요. 직원이 늘어날수록 오히려 힘들
　　　　어지더라고요. 그런 의미에서 보면 지금 경제적인 상황은 조금
　　　　후퇴했을지도 모르지만 마음은 편해서 좋아요. 인원이 줄어서
　　　　해야 될 일은 늘었지만 부담은 줄었어요.

프　　유진선　적정선을 찾아 나가시는 거 같아요.

베　　서상민　적정선이 규모도 있지만 내가 만드는 콘텐츠에서도
　　　　있는 거 같아요. 무조건 크다고 좋은 거도 아니고 나 혼자 한다
　　　　고 좋은 거도 아니에요. 나한테 맞는 적정선이 있는 거 같아요.

페　　김정현　많은 경험을 하신 거 같아요.

베　　서상민　한참 흥했다가 서서히 내려오는 단계이다 보니까
　　　　예전에 흥했었다는 것을 알게 됐어요. 나한테 맞는 규모와
　　　　콘텐츠에 대해서 이제 좀 되돌아보게 되는 거 같아요.

아　　윤진　많은 경험이 있었기 때문에 가능한 거 같아요.

프　　유진선　적정선을 찾는 거도 고통스러울 거 같아요. 지금
　　　　말씀은 평온하게 하시지만, 엄청난 고민과 갈등이 있으셨을
　　　　거 같아요.

베 서상민 직원들과 트러블도 많았어요. 취업 사이트에 들어가면 저희와 관련된 악플도 있어요. 회사가 어려워서 직원을 내보낸 적도 있었죠. 혼자 일하는 게 제일 행복했어요.😊

페 김정현 작은 규모에서는 한 명에 의해서 회사의 색깔이 바뀔 수 있을 정도로 큰 영향을 주는 거 같아요.

베 서상민 처음 직원을 뽑았을 때는 모든 것을 해주고 싶어서 다가갔는데 그들은 그게 싫었다는 것을 나중에 알게 됐어요. 그때는 저도 대표가 처음 하는 경험이었거든요. 직원과 어느 정도 거리가 필요하다는 것을 몰랐어요. 회사에 소속된 입장의 경험과 회사를 책임져야 되는 입장의 경험은 완전히 다른 거 같아요. 대표로서 할 수 있는 경험을 가능한 한 빨리하는 게 정말 좋은 거 같아요. 그 경험이 정말 소중해요.

페 김정현 회사 생활의 경험이 업무적으로는 도움이 될 수 있으나, 회사를 운영하고 경영하는 것은 완전히 다른 거 같아요. 대표가 되면 사소한 것부터 수많은 결정들을 해야 되는데, 그거는 직원으로서는 하기 힘든 경험이거든요. 회사의 운영까지 고민하면서 일을 하는 직원은 거의 없을 거예요.

아 윤진 그런 직원이 있으면 회사는 엄청 감사하죠.

프 유진선 대표는 어쩔 수 없이 악역도 해야 되는데, 그런 역할도 태어나서 처음이었어요. 악역을 해야만 독자들이 읽을 수 있는 매거진이 만들어지는 상황이 힘들었죠.

베 서상민 대표는 당연히 악역을 해야 돼요.

프 유진선 부정적인 경험들을 받아들이기가 어려웠는데, 대표라는 직책을 처음 경험해서 그런 거라고 말씀하신 부분이

위로가 되네요. 저도 시행착오가 많을 수밖에 없었던 것 같아요.

베 서상민 제가 처음 영화와 관련된 일을 그만두고 새로운 일을 찾았을 때가 32세였어요. 그때 디자인 일을 처음 시작했고, 의외로 적성에 잘 맞아서 출판사를 차리게 된 거예요. 그 당시 친구들은 다 자기 일을 찾아서 각자의 모습으로 살고 있었죠. 32세에 처음 새로운 것을 시도한다고 했을 때 다들 너무 늦었다고 했어요. 그런데 지금 뒤돌아보면 그 당시 대기업 다니던 친구들은 다 퇴사했고, 각자의 우여곡절을 겪고 있어요. 결국에는 혼자서 자립해야 되는 순간이 오는 거 같아요. <PRISM OF>는 정말 일찍 시작을 했기 때문에 지금 너무 많은 노하우를 가지신 거 같아요. 책이나 매거진을 만드는 것에서 가장 큰 장점은 내가 온전히 책임져야 되는 것을 만든다는 거예요. 그런 경험은 책 외에 다른 거로는 얻기 힘든 거 같아요.

프 유진선 이런 경험을 평생 한 번도 안 하는 사람이 얼마나 많겠어요.

아 윤진 정말 내가 몸빵하면서 만든 것들은 내 몸이 기억을 하는 거 같아요. 😊

페 김남우 와, 오늘 너무 좋은데요.

베 서상민 지금 녹취 잘하고 있어요? 😊

프 유진선 이거 나중에 다시 따려고 하면 잘 안 돼요. 😊

베 서상민 솔직히 저도 어디 가서 이런 얘기를 하겠어요. 매거진을 만드는 게 얼마나 어려운 일인지, 이런 속사정을…

만드는 것과 파는 것은 다른 노력과 고민이 필요하다는 것을 아시면 더 도움이 될 거 같아요.

프   유진선   많은 사람들이 만들고 싶은 것과 팔고 싶은 것의 구분을 잘 안 하시는 거 같아요. 만들고 싶은 거는 소량으로 만들어서 주변에 선물로 나눠주고 본인이 간직하면 돼요. 그런데 만들고 싶은 욕망이랑 만들면 팔릴 것 같은 생각이 쉽게 연결되는 거 같아요. 만드는 것과 파는 것은 다른 노력과 고민이 필요하다는 것을 아시면 더 도움이 될 거 같아요.

베   서상민   내 것을 만드는 것도 의미가 있어서 만드는 거로 만족하면 되는데, 판매까지 잘하려고 한다면 전혀 다른 문제가 되는 거 같아요. 독자의 입장을 고려해야 되니까요. 저도 요즘 이런 부분에서 저 스스로의 고민이 부족했던 거 같다고 느끼고 있어요.

아   윤진   회사에서 브랜드 마케팅을 하고 있는데, <Achim> 일은 저를 사랑하는 일이고, 회사 일은 남한테 사랑받기 위해서 하는 일이에요. 브랜드 마케터의 입장에서 마케팅을 잘 할 수 있는 수단 중에 매거진은 없어요. 그런데 저는 매거진을 만들고 있잖아요. 매거진이라는 시장이 성과 측정이 안 돼요. 광고를 해도 브랜드 캠페인 정도로만 진행하고, 돈을 투자하는 거여서 꾸준히 할 마케팅은 아니예요. 매거진이 돈이 안 된다는 것을 아니까 수많은 마케팅 방식 중에서 매거진은 고려를 안 하는 거죠. 그런 관점에서 '나는 매거진을 어떻게 만들어야 되지?', '다른 사람들에게 관심을 받으려면 어떻게 해야 되지?' 이런 고민을 정말 많이 해요. 매거진을 만들었으면 알려야 되는데, 누구한테 어떻게 알려야 되는지, 내가 지금 소리 지르고 있는 광장이 맞는 건지 판단해야 되는 거 같아요.

프　**유진선**　처음부터 만드는 책과 파는 책은 따로 있다고 생각해요. 팔 책이면 주제, 목차, 디자인까지 팔 수 있는 기획으로 작업이 돼야 해요.

베　**서상민**　투자 대비 가성비를 생각했을 때 매거진의 장점 중 하나는, 매거진 편집장이기 때문에 여러 곳에서 불러 주시고 다양한 활동을 할 수 있어요. 사람들이 종이 매거진을 사진 않지만 좋아는 해요.😊 매거진이 팔리지는 않아도 좋은 이미지는 가지고 있는 거 같아요.

프　**유진선**　점점 명예직이 되는 거 같아요.🐻

베　**서상민**　그 명예를 얻기 위해서 돈을 많이 투자하는 곳도 있는데, 그에 비하면 종이 매거진 가성비가 그렇게 나쁘지는 않은 거예요. 투자 대비 명예는 괜찮거든요. 이 정도의 돈을 들여서 편집장이라는 명예를 얻은 거면 나쁘지 않죠.😊

프　**유진선**　내 돈 내고 편집장 타이틀을 얻는 거네요.🐻

매거진이라는 게 없어지면 아무도 기억을 못해요. 핫했던 거는 상관이 없더라고요.

베   서상민   <bear>를 처음 만들었을 때 '올해의 매거진이다', '최고다'라는 얘기를 종종 들었어요. 지금은 그런 시절이 다 지나갔어요.

프   유진선   저희도 유행이 지나갈 수 있다는 거.

베   서상민   지금은 <hep> 매거진이 유행인 거 같아요. 요즘 새로운 매거진이 정말 많이 나오는 거 같아요. 판매는 어떨지 모르겠지만.

페   김정현   텀블벅 보면 매거진 창간호가 정말 많아요.

페   김남우   텀블벅에서 관심이 가는 매거진의 창간호는 응원하는 마음으로 가능하면 후원을 해요. 펀딩을 하고 난 뒤에 프로젝트가 잘 마무리되어서 성공했다는 메시지를 받게 되면 정말 기분이 좋더라고요.

페   김정현   저는 2호가 나오면 응원하는 편이에요. 창간호는 어렵지만 어떻게든 만들 수가 있는데, 2호는 다르다고 생각하거든요. 본인이 그 길을 한 번 더 가겠다고 판단하는 건데, 2호는 1호의 경험이 있기 때문에 결정해서 만들기까지 정말 많은 고민과 노력을 필요로 하는 거 같아요.

베 서상민 처음에 매거진 만들었을 때 저보다 훨씬 각광받는 매거진들이 많이 있었어요. 예를 들어 <SURF> 매거진이라고 있었는데 정말 핫했어요. 그런데 없어졌죠. 매거진이라는 게 없어지면 아무도 기억을 못 해요. 핫했던 거는 상관이 없어요.

프 유진선 매거진의 힘이 발행한 호수에 있다는 게 그 이유인 거 같아요.

베 서상민 어쨌거나 만들면 사람들이 기억을 해요. 한 번씩 SNS에 힘들다는 글을 올리는데, 그러면 사람들이 오셔서 위로해 주시는데 구매하시지는 않아요.😅

아 윤진 뭐가 되었든 꾸준히 나온다는 것을 응원하는 마음인 거 같아요.

베 서상민 사라지는 것에 대해서 다들 안타까워해요. <green mind>라는 잡지를 정말 좋아했는데 폐간됐어요. 환경 매거진이었는데 요즘 같았으면 훨씬 더 인기가 많았을 거예요. 메시지를 가지고 만드는 매거진들이 잘 됐으면 하는 마음이 항상 있어요. <bear>도 메시지를 담아서 만들었기 때문에 그 메시지를 계속 잘 살리고 싶어요.

안 팔리는 거보다 더 무서운 거는
구리다고 느껴지는 거예요.

페　김남우　매거진은 대중들이 원하는 것을 맞추는 게 중요한 거 같아요.

베　서상민　맞아요. 머리로는 아는데, 납득하는 게 참 어려워요.

프　유진선　내가 생각하는 대중이랑 진짜 대중이 다를 수도 있어요. 대중한테 맞춘다고 생각해서 만들었는데 또 다른 대중이 있더라고요.

베　서상민　요즘 대중들이 정말 빨라요. 예전에는 내가 한 발짝이나 반 발짝 앞서고 있다고 생각했는데 요즘에는 따라가기도 힘들어요.

프　유진선　지금은 한 번에 읽히는 대중이 아닌 거 같아요.

베　서상민　요즘 다들 책 안 보고 「유튜브」 보잖아요.

프　유진선　요즘은 「유튜브」보다는 「틱톡」이에요.

베　서상민　「틱톡」은 또 다른 세상인가요?

페   김정현   「틱톡」은 전혀 적응이 안 되더라고요. '이런 거를 어떻게 하지?'라는 생각이 들 정도로 자기애가 넘치는 친구들이 정말 많은 거 같아요.

프   유진선   제가 나이 들면 독자들도 같이 나이가 들더라고요. 구매층을 보면 제 나이와 비슷해요. 그게 처음에는 신기하다가 점점 위기감이 들더라고요.

페   김정현   영화 선정 때문에 더 그럴 수 있을 거 같아요.

프   유진선   예전에는 제가 극장에서 본 영화는 독자들도 극장에서 봤는데. 지금은 제가 극장에서 본 영화가 요즘 세대에게는 오래된 영화인 거예요. 10대 후반에서 20대 초반 소비층의 감각을 적극적으로 녹일 수는 없어도 알고는 있어야 되는데 틱톡과 같은 곳이 적응이 안 돼요. 아이템을 발굴하는 게 점점 더 어려워지는 거 같아요.

베   서상민   처음 출판사를 만들었을 때 20-30대 타깃의 책이었는데, 점점 나이 들어서 지금은 대부분 40대 독자들인 거 같아요. 신규 독자들이 들어오지 않는 상황이에요.
요즘 세대는 책에 관심이 없거든요. 그래도 저는 타깃이 여겨져야 된다고 생각해서 20-30대 독자들에게 맞추려고 노력해요. 주된 타깃 독자들에 대한 고민이 매거진들의 공통된 숙제인 거 같아요.

프   유진선   매거진은 단행본과 다르게 확실한 특정 타깃 독자들이 관심을 가져줘야 팔 수 있으니까 더 고민이 되는 거 같아요.

페   김정현   기존에 좋아했던 분들도 만족해야 되고, 새롭게 유입된 분들도 좋아해야 되니까 고민할 게 정말 많아요.

베   서상민   안 팔리는 거보다 더 무서운 거는 구리다고 느껴지는 거예요.

페   김남우   구리다는 것은 너무 속상한데요.

베   서상민   유행에서 뒤처진 거 같다고 느껴지는 거에 대한 스트레스가 커요. 한물갔다는 느낌을 주고 싶지 않거든요. 트렌드에서 있어서 어느 정도는 앞서가고 싶은 마음이 정말 크거든요. 그렇기 때문에 갈아엎어서라도 독자들에게 새롭게 다가가고 싶어요.

아   윤진   죄송한데, 저 먼저 일어나 봐야 될 거 같아요.

페   김남우   아, 네! 지금 몇 시예요?

헵   남필우   12시 50분이요.

페   김남우   12시 50분이요?

베   서상민   지금 12시가 넘었어요?

아   윤진   이렇게까지 오래 있을 줄 몰랐어요. 시간이 진짜 빨리 갔어요.

페   김남우   죄송해요. 제가 시간 체크를 전혀 못 했어요.

프   유진선   저희도 슬슬 일어날까요?

페   김남우   네, 저희 단체 사진만 한 번 찍어요.

bear

hep.

Achim

PRISM OF

favorite

MAGAZINE MAKERS

발행	favorite
기획	김남우, 김정현
편집	김남우
교정	구보라
영상	김정현
디자인	favorite
ISBN	979-11-962640-6-2
가격	15,000원
이메일	favorite-@naver.com
WEB	favorite-collective.com
SNS	instagram.com/favorite_mag
1쇄 발행	2021년 6월 11일

MAGAZIN

좋아하는 일을 하며 의미 있게 오래는 사람들

MAKERS

읽어두기

1) 매거진 장르들은 〈 〉, 음악적인 것은 《 》, 이름으로 하며, 제일 좋았던 「」로 표기하였고, 부정적이 이름이나 인용문, 강조하는 것은 ' ', 말로 표기하였습니다.
2) 인물이야기 표기 고유의 의미와 표기 기능을 존중하였으므로 원어로 허용하였습니다.
3) 또한 내 기분적 표현은 자기가 듣고 아시에 놓인 기기를 기호으로 하였습니다.

이 책에 수록된 많은 이미지의 자료들은 <favorite>에 있습니다.
자작권에 의해 보호되는 자작물이므로 찍지 찍 것 처가를 금합니다.

연말 매거진을 창조하라
몽환하고 5등이 다해됨